汉字花品

顾易 杨晨 编著

華南理工大學出版社
SOUTH CHINA UNIVERSITY OF TECHNOLOGY PRESS
·广州·

图书在版编目（CIP）数据

汉字花品／顾易，杨晨编著．—广州：华南理工大学出版社，2020.9

ISBN 978-7-5623-6378-1

Ⅰ．①汉…　Ⅱ．①顾…　②杨…　Ⅲ．① 汉字-通俗读物②花卉-普及读物　Ⅳ．①H12-49②S68-49

中国版本图书馆CIP数据核字（2020）第107180号

Hanzi Huapin

汉字花品

顾易　杨晨　编著

出 版 人：卢家明

出版发行：华南理工大学出版社

（广州五山华南理工大学17号楼，邮编 510640）

http://www.scutpress.com.cn　E-mail：scutc13@scut.edu.cn

营销部电话：020-87113487　87111048（传真）

责任编辑：李秋云

责任校对：李　桢

印 刷 者：佛山家联印刷有限公司

开　　本：787mm×960mm　1/16　**印张：**16.75　**字数：**216千

版　　次：2020年9月第1版　2020年9月第1次印刷

定　　价：86.00元

从花字说起

《红楼梦》的作者曹雪芹，对玉情有独钟，爱玉、惜玉。《红楼梦》书名原叫《石头记》，小说中的人物名字许多都带“玉”字，如宝玉、黛玉、妙玉。除了玉，曹雪芹也爱花、惜花。“金陵十二钗”讲的十二个女子，大多各用一种花作代表。如第五回“贾宝玉神游太虚境”，梦里神游“太虚幻境”，看到“金陵十二钗正册”和“金陵十二钗副册”，从中看到：

“枉自温柔和顺，空云似桂如兰。堪羡优伶有福，谁知公子无缘。”这首判词说的是袭人。

“根并荷花一茎香，平生遭际实堪伤。自从两地生孤木，致使香魂返故乡。”这首判词说的是香菱。

“二十年来辨是非，榴花开处照宫闱。三春争及初春景，虎兕相逢大梦归。”这首判词说的是元春。

“桃李春风结子完，到头谁似一盆兰？如冰水好空相妒，枉与他人作笑谈。”这首判词说的是李纨。

《红楼梦》中，给人印象最深的还是黛玉的“葬花诗”，写得无限悲伤，林黛玉用花感叹自己的命运，表达心中的悲伤、无奈和高洁的心志。

葬花吟（节选）

花谢花飞花满天，红消香断有谁怜？
游丝软系飘春榭，落絮轻沾扑绣帘。
闺中女儿惜春暮，愁绪满怀无释处。
手把花锄出绣帘，忍踏落花来复去。
柳丝榆荚自芳菲，不管桃飘与李飞；
桃李明年能再发，明年闺中知有谁？
三月香巢已垒成，梁间燕子太无情！
明年花发虽可啄，却不道人去梁空巢也倾。
一年三百六十日，风刀霜剑严相逼；
明媚鲜妍能几时，一朝漂泊难寻觅。
花开易见落难寻，阶前愁杀葬花人，
独倚花锄泪暗洒，洒上空枝见血痕。
杜鹃无语正黄昏，荷锄归去掩重门；
青灯照壁人初睡，冷雨敲窗被未温。
怪奴底事倍伤神？半为怜春半恼春。
……

此外，《红楼梦》中的许多诗会，也大多以咏花为题，可见作者对花的喜爱。

花，形声字。甲骨文为，其形状犹如树木开了花。金文为，小篆为，其实是一个“華”字。今体“花”，从艸，表示“花”是一种草本植物，“化”意为生化，“艸”“化”为花，表示“花”是草木的精华生化而成的。花是植物的有性生殖器官，形状各异，千姿百态，争奇斗艳。

从其形态特征看，花可以分为木本花卉和草本花卉。如梅花、桃花、桂花、牡丹、海棠、紫荆等花卉的茎，木质部发达，称为木本花卉；荷花、芍药、水仙、菊花、康乃馨等花卉的茎，木质部不发达，支持力较弱，称为草本花卉。从对光照、温度、水分等环境条件的不同要求看，又可以把花卉分为四种类型：①喜阳性花卉和耐阴性花卉。如月季、茉莉、石榴等大多数花卉，它们需要充足的阳光照射，这种花卉叫作喜阳花卉；如玉簪花、

《映日丹》 陈兰卿

绣球花、杜鹃花等，只需要软、弱的散射光即能良好地生长，叫作耐阴性花卉。②耐寒性花卉和喜温性花卉。如月季花、金盏花等花卉，一般能在-3℃～5℃的低温环境生长，是耐寒性花卉；而美人蕉、秋海棠等花卉，一般要在15℃～30℃的温度条件下才能正常生长发育，冬季需要在温度较高的室内越冬，属喜温性花卉。③长日照花卉、短日照花卉和中性花卉。如八仙花、瓜叶菊等，每天需要日照时长12个小时以上才能现蕾开花，叫作长日照花卉；菊花、一串红等，每天只需要12个小时以内（一般为8～12小时）的日照，经过一段时间后就能现蕾开花，如果日照时间过长，就不会现蕾开花，这样的花叫作短日照花卉；而四海棠、月季花等，对每天日照的时长并不敏感，不论是长日照或短日照，都能正常现蕾开花，叫作中性花卉。④水生花卉、旱生花卉和润土类花卉。如睡莲，一定要生活在水中，才能正常生长发育，叫作水生花卉；景天类等花卉，只需要很少的水分就能正常生长发育，叫作旱生花卉；月季花、栀子花、桂花等大多数花卉，要求生长在湿度较大、排水良好的土壤里，叫作润土花卉。

花的生长经历了一个变化的过程。花从“化”，意生化、变化、造化。花是大自然的产物，千变万化，色彩鲜艳，是造化之功。花从花蕾到含苞待放、怒放，再到凋谢，直至最后结果，经历了一个自然的循环过程。因此，有“花无百日红”之说，花的这种变化是一个自然变化的过程。花开来自大地，花谢回归大地。其实，人亦如此，从出生、成长，到壮大、衰老，一直到死亡，来自大地，又回归大地。

花是结果的前提。花从“化”，植物的花凋谢之后，就进入了抽枝、结籽生实的季节，出现了升华的变化。“春华秋实”，春天开花，秋天结果，只有开花，才能结果。人亦如此，只有在春天辛勤地劳动，才能在秋天有所收获。

花开无声实有语。花音近“话”，即花也能说话，花以其形、色、味表达人间的情感。如玫瑰花代表爱情、忠贞；牡丹花代表圆满、富贵；菊花代表清净、高洁；兰花代表高雅、博学；百合花代表纯洁、好合；荷花代表清白、脱俗；梅花代表坚强、傲骨等。为此，人们种花、插花、送花不仅是爱花，更是表达自己的情趣和感悟，寄托着人们的希望。

花象征着希望。花是绚丽的，象征着美好的生活，一个爱花的民族必然是一个自信和热爱生活的民族。第二次世界大战后，德国成了一片废墟，世人对德国人能否重建家园存有疑惑。可是，人们看到德国人虽然生活困难，但家中却摆着一盆盆鲜花。正是从这些鲜花中，人们预见德国能重新崛起。“花好月圆”“花开富贵”代表着人们的美好愿望，只要希望在，信心就在，就有力量的源泉。

花也代表着美丽。花有较高的观赏价值，其形、色、香都是美的体现，使人赏心悦目。为此，花也常用于比喻年轻美丽的女子。唐代白居易的《霓裳羽衣舞歌》云：“娇花巧笑久寂寥，娃馆苎萝空处所。”又如，“花枝”比喻美女，“如花似玉”比喻像花、像玉那样美丽的女子，“花林粉阵”比喻群集的美女，“花月缘”指才子佳人的情缘。

《汉字花品》以汉字为切入点，从植物学的角度介绍花的植物特征，从诗词的角度揭示花的汉字文化意象以及人文隐喻，描绘花的美学特征，如色、香、姿、韵，具有科普性、艺术性、文学性和美学特征。

本书以《镜花缘》中的“花中之师”“花中之友”“花中之婢”为结构，一共包含32种花。

每一种花从《镜花缘》或《红楼梦》中人物（每个人物隐喻一种花）的诗词入手，作为导引。从汉字的角度，介绍相关的字的历史演变、含义以及有关的成语。最后，结合汉字的形、义、音讲述花之神韵、花之品味以及花之美态。

附录部分设“诗情花语”栏目，用一首具有典型意义的咏花诗进行解读和赏析。

感谢陈兰卿老师为本书配了画作，感谢黄慧霞、李灵意帮助收集资料。

目录

上品　花中之师

《镜花缘》载：“所谓师者，即如牡丹、兰花、梅花、菊花、桂花、莲花、芍药、海棠、水仙、腊梅、杜鹃、玉兰之类，或古香自异，或国色无双，此十二种，品列上等；当其开时，虽亦玩赏，然对此态浓意远，骨重香严，每觉肃然起敬，不啻事之如师，因而叫作‘十二师’。”上品列牡丹、兰花、梅花等花中十师。

中品　花中之友

《镜花缘》载："他如珠兰、茉莉、瑞香、紫薇、山茶、碧桃、玫瑰、丁香、桃花、杏花、石榴、月季之类，或风流自赏，或清芬宜人，此十二种，品列中等。当其开时，凭栏拈韵，相顾把杯，不独蔼然可亲，真可把袂共话，亚似投契良朋，因此呼之为'友'。"中品列珠兰、茉莉、瑞香等花中十二友。

下品　花中之婢

《镜花缘》载："如凤仙、蔷薇、梨花、李花、木香、芙蓉、蓝菊、栀子、绣球、罂粟、秋海棠、夜来香之类，或嫣红腻翠，或送媚含情，此十二种，品列下等。然其开时，不但心存爱憎，并且意涉亵狎，消闲娱目，宛如解事小鬟一般，故呼之为'婢'。"下品列凤仙、蔷薇、梨花等花中十婢。

汉 字 花 品

Hanzi Huapin

上品

汉字花品

花中之师

Hanzi Huapin

牡丹

若教解语应倾国

大观园里千娇百媚的花儿化身为美丽、善良的少女，芙蓉高洁淡雅，桃花娇俏迷人，牡丹端庄秀丽。薛宝钗便是这牡丹花。宝玉庆生辰那晚，怡红院里“群芳开夜宴”，抽花名签行酒令。宝钗抽到的是一枝牡丹签，签上题着“艳冠群芳”四字，附上一句诗“任是无情也动人”。此诗出自唐代罗隐《牡丹花》：“似共东风别有因，绛罗高卷不胜春。若教解语应倾国，任是无情也动人。芍药与君为近侍，芙蓉何处避芳尘？可怜韩令功成后，辜负秾华过此身。”诗人借咏花抒发内心感慨，借此讽刺那些靠趋炎附势飞黄腾达的人。而这花签上的诗句隐喻着宝钗的性格命运——牡丹色彩艳丽、香气馥郁，给人以强烈的感官刺激和超凡的视觉享受——宝钗便是这样一朵芬芳醉人的牡丹花。她年未及笄便已“生得肌肤莹润，举止娴雅”“唇不点而红，眉不画而

《丽日》　陈兰卿

翠，脸若银盆，眼如水杏”。宝钗唇红齿白、明眸善睐，着实是一位倾国倾城的美人。牡丹花一样的女子不仅貌美而且个性丰富，如清代小说家李汝珍在《镜花缘》中塑造的牡丹仙子——阴若花，既有足智多谋、冷静理性、博学多才的特质，又有温柔善良、恪守礼节的修养。

“牡”，会意兼形声字，从牛，土声。甲骨文为，左边为牛，牛是强壮的牲畜；右边为雄性的生殖器。金文为。牡指雄性的鸟兽，与“牝”相对。《说文·牛部》载：“牡，畜父也。”意牡指雄性家畜。在古代，“牡”多与动物相联系，如《诗经·邶风·匏有苦叶》中云“雉鸣求其牡”，《汉书·五行志》中有“阳奇为牡”的说法，这里“牡”用作雄性的马匹之意。此外，“牡”也指植物的雄株，如牡桂，是叶似枇杷叶、花六瓣、色白的一种桂树；牡荆，指落叶灌木或小乔木；牡蒿，为多年生草本植物。一直到现在，“牡”字都兼含这两种意思。

丹，指事字，甲骨文为，金文为，字形外框似矿井，中心一点如井内有丹砂，意谓丹砂从矿井中采炼而得。《说文·丹部》载：“丹，巴越之赤石也。”丹砂是一种无机化合物，呈红色或棕红色。

《牡丹》　陈兰卿

牡丹系毛茛科落叶灌木，初夏开花，依不同品种有白、黄、粉、紫、蓝、绿诸色。因其花大、色艳、香浓，而被称作“总领众芳”的“花王”。牡丹的别名很多，有洛阳花、谷雨花、鼠姑、鹿韭、白茸、木芍药、百雨金、醒酒花、花师等，为世界名花之一，在我国的栽培历史也很悠久。早在唐代就有“国色”“天香”之誉。宋代周敦颐《爱莲说》曰：“牡丹，花之富贵者也。”千百年来，我国人民将其作为富贵、吉祥的象征，牡丹受到人们的钟情，更受诗、词人的青睐。他们或咏牡丹之韵，或摩牡丹之态，或述牡丹之魂，真是浓彩丰富，极态尽妍，给人以美的享受。

牡丹之态国色天香、倾国倾城

牡丹之态国色天香、倾国倾城。“天下真花，独牡丹耳。”牡丹国色天香，芳艳绝美，被人们视为花中珍品，得到广泛地栽培。据史料记载：牡丹栽培始于隋而盛于唐，“名甲天下”于北宋时期，《隋志·素问》中有“清明次五日，牡丹华”的记载。自隋以来，牡丹在民间栽培的基础上，开始进入皇家园林，成为宫廷的宠物。及至唐、宋，洛阳一直处于国都、陪都地位，栽培、观赏牡丹之风日盛。唐代诗人白居易的“花开花落二十日，一城之人皆若狂”即是当时盛况的真实写照，每至牡丹花开时，“帝城春欲暮，喧喧车马度。共道牡丹时，相随买花去”，宋人司马光的“洛阳春日最繁华，红绿荫中十万家。谁道群花如锦绣，人将锦绣学群花”，均描绘出唐、宋时期洛阳人为牡丹所倾倒、对牡丹的狂热之社会现象。

中国的名花数百种，各有其长，入伍群芳，但唯有牡丹地位超然。它花朵硕大，品种繁多，姿色万千，以“虚生芍药徒

《沉醉东风》 陈兰卿

劳妒，羞杀玫瑰不敢开”而冠压群芳。观古今花谱，“佳丽”三百六十多种，无一可与牡丹相比。因此，牡丹当之无愧地被誉为“花中之王”。“嫩蕊包金粉，重葩结绣囊”描绘了牡丹含苞待放时的娇姿美色。“艳多烟重欲开难，红蕊当心一抹檀”“艳蕊鲜房次第开，含烟洗露照苍苔”，描绘了牡丹盛开时花朵硕大、蕊密瓣多、艳丽无比的姿态。罗隐在《牡丹》中曾语：“日晚更将何所似，太真无力凭阑干。”李白在《清平调·词三首》最后一联亦云：“解释春风无限恨，沉香亭北倚阑干。”从此，人们便将牡丹花与杨贵妃联系在一起，常以杨贵妃作比和用“倚阑干”形容。如唐代王贞玉语“佳人淡妆罢，无语倚朱栏”，温庭筠《牡丹》云“华堂客散帘垂地，想凭阑干敛翠娥”，宋代叶颙《牡丹》云“含风笑日娇无力，恰似杨妃睡起时”，烘托出了牡丹的艳丽娇贵和倾国倾城之态，美人玉色，相映成趣，更能凸显其国色天香的神态姿容。

牡丹之韵高洁傲岸、端庄秀雅

“牡”指雄性，是强壮的象征，“丹”表示“一片丹心”，矢志不移。在中国古代的文学作品中，牡丹具有傲骨的品格。相传，在一个大雪飘舞的隆冬，武则天在长安后苑游玩时，曾命百花同时开放，以助酒兴。下旨曰："明早游上苑，火速报春知，花须连夜发，莫待晓风吹。"众人皆知，各种花不仅开花的季节相异，连花开的时刻也截然不同。桃花在春天盛开，莲在夏天怒放，菊争艳在深秋，梅斗俏在严冬；蔷薇开在早上，昙花开在夜间。所以，要使百花服从人的意志，在同一时刻一齐开放乃是天方夜谭。然而，百花慑于武后的权势，都违时开放了，唯牡丹仍干枝枯叶，傲然挺立。武后大怒，把牡丹贬至洛阳。牡丹一到洛阳，立即昂首怒放，花繁色艳，锦绣成堆。这更气坏了武后，下令用火烧死牡丹。不料，牡丹经火一烧，来年反而开得更是红若烟云、灿若锦绣，十分壮观。后世洛阳以牡丹为市花。欧阳修曾称赞曰："洛阳地脉花最宜，牡丹尤为天下奇。"牡丹不仅芳姿艳色高出群葩，而且谦逊朴实，劲骨刚心亦远甚万卉之上。

牡丹之魂雍容华贵、吉祥昌荣

牡丹是国家繁荣昌盛的象征，牡丹花开时节，繁花似锦，灿烂辉煌。在大唐盛世，全国上下无不为之倾倒，牡丹花季成了首都长安的狂欢季。刘禹锡赞誉："唯有牡丹真国色，花开时节动京城。"此后，李正封又有"国色朝酣酒，天香夜染衣"的名句。更有皮日休写牡丹："落尽残红始吐芳，佳名唤作百花王。竞夸天下无双艳，独占人间第一香。"北宋昭文馆大学士韩琦的牡丹诗中，又以"国艳"嘉誉牡丹。由此，自唐宋以来，牡丹遂成为吉祥幸福、繁荣昌盛、雍容华丽的象征，并得以世代延续下来。

1959年，周恩来总理在洛阳说过："牡丹是我国的国花，它雍容华贵，富丽堂皇，是我们中华民族兴旺发达、美好幸福的象征。"今天，牡丹的这一文化象征意义又被赋予了新的含义，其代表了改革开放的中国国泰民安、前程似锦的美好形象，具有鲜明的时代特征，表达了全国各族人民共同的理想和愿景。当然，牡丹也含有一种对富裕生活的期盼与追求，它富丽堂皇，从气质上给人以富贵之感。明代著名画家徐渭题墨牡丹诗写道：“五十八年贫贱与，何曾妄念洛阳春。不然岂少胭脂在，富贵花将墨写神。”诗中称牡丹为“富贵花”。清赵世学的《牡丹富贵说》亦云：“吾观牡丹一花，谷雨开放，国色无双，有独富焉，群芳园中孰堪比此艳丽者乎？”而在历代绘画及各种工艺美术作品中，牡丹作为富贵的象征，与花鸟、山石形成组合，代表着与富贵结合在一起的美好寓意，凸显了牡丹之魂。

牡丹之咏称赏不置、浓情美愿

世人酷爱牡丹，但因身份、地位及经历各异而对牡丹的欣赏以及表达情感的方式也不相同。达官显贵多张灯结彩、置酒欢歌以咏，而许多读书人特别是穷困潦倒、仕途多舛的士子们则以他们独特的方式歌咏牡丹。唐代诗人吴融云：“不必繁弦不必歌，静中相对更情多。”贫困失意之书生虽无力请来梨园子弟办起万座笙歌，但并不意味他们对牡丹情意淡薄。独自在恬静中同牡丹默默相对，也能凭脉脉传神的双眼，表露出更缠绵、更深沉的情感。唐代士子韩琮亦语：“残花何处藏，尽在牡丹房。”一个“藏”字，既刻画出了牡丹未开时的外部形态，又饱含着诗人怜香惜玉的绵绵情思。唐代段成式也曾赋歌：“洞里仙春日更长，翠丛风翦紫霞芳。若为萧史通家客，情愿扛壶入醉乡。”诗人歌咏艳丽的牡丹，留恋这神仙般的美好境界，以至触发对仙道的强烈向往，因而大醉方休，表现了他对美的憧憬与追求，也隐喻了对人世间污浊不堪的厌恶以及未能一酬生平志向的苦闷，表达了欲从中超脱的愿望。

【诗情花语】

赏牡丹

唐·刘禹锡

庭前芍药妖无格，池上芙蕖净少情。

唯有牡丹真国色，花开时节动京城。

【赏析】

此诗乃赞颂牡丹之作，其赞颂之手法，乃用抑彼扬此的反衬之法。诗人未从正面描写牡丹的姿色，而是从侧面起笔。诗一开始先评赏芍药和芙蕖。芍药与芙蕖本是为人所喜爱的花卉，然而诗人赞颂牡丹，乃用“芍药妖无格”和“芙蕖净少情”以衬托牡丹之高标格和富于情韵之美。另巧用拟人化和烘托之手法，生动地将自然美变成艺术美，突出了牡丹的姿色，令人玩味无穷。

《牡丹》 王雪涛

兰花

气如兰兮长不改

书圣王羲之有两个雅好，一是爱鹅，二是爱兰。相传他曾给一位山阴道士书写《黄庭经》（一说《道德经》），而后“笼鹅而归”，此后王羲之爱鹅的故事便广为流传。王羲之爱兰的故事，历史上也传诵较广，有王羲之爱兰、陶渊明爱菊、周敦颐爱莲、林和靖爱梅之说。永和九年三月初三，王羲之约友修禊，选择兰亭（今绍兴城外的兰渚山下）为修禊之所，此地“有崇山峻岭，茂林修竹，又有清流激湍，映带左右”，还有幽兰盛开，花香扑鼻。同去的名士们临景赋诗，各抒怀抱，留下了“俯挥素波，仰掇芳兰”“微音选泳，馥为若兰”等不少咏兰佳句，并抄录成集，王羲之为诗集作序，写就了流传千古的天下第一行书《兰亭序》。

《幽兰图》 吴昌硕

《兰花图》 齐白石

“兰”，形声字，从艸，阑声。《说文·艸部》载：“兰，香草也。”篆文为蘭，繁体字为“蘭”。

“兰”的本义为兰草。古人说，梓为百木之王，牡丹为百花之王，葵为百蔬之王，松为百木之长，桂为百药之长，而兰为百草之长。“兰”字多用于对美好人格的赞美。如“春兰秋菊”，指春天的兰花、秋天的菊花各有值得称道之处；“吹气如兰”，形容美女的气息，也用于形容文辞华美；“蕙质兰心”，比喻女子心地纯洁，性格高雅；“金兰契友”，指情投意合的朋友；“兰薰桂馥”，赞誉他人子肖孙贤。又如，用“兰章”表示对诗文的美誉；用“兰交”指对真挚友谊的雅称；用“金兰”形容友情深厚，相交契合。

兰花，附生或地生草本，叶数枚至多枚，通常生于假鳞茎基部或下部节上，二列，带状或罕见有倒披针形至狭椭圆形，基部一般有宽阔的鞘并围抱假鳞茎，有关节。总状花序具数花或多花，颜色有白、纯白、白绿、黄绿、淡黄、淡黄褐、黄、红、青、紫等。兰花的花语是淡泊、高雅、美好、高洁和贤德。

中国人历来把兰花看作是高洁典雅的象征，并与“梅、竹、菊”并列，合称“四君子”。人们借兰来表达纯洁的爱情，“气如兰兮长不改，心若兰兮终不移”。但和梅的孤绝、菊的风霜、竹的气节不同，兰象征了一个知识分子的气质以及一个民族的内敛风华。兰花之神、韵、色、香、形，富含神韵美、内涵美、情操美、品性美，不但具有艺术的审美价值，也蕴含为人处世之道。兰给我们的启示主要在如下几个方面。

抱芳守节、淡泊明志是兰之品

由于生态的习性，兰喜荫翳暖润，生长于山间林下较隐蔽的地方，“与萧艾杂处”“与众草为伍”，但不孤芳自赏，甘于寂寞却一样透出清香。孔子说：“芝兰生于深谷，不以无人而不芳；君子修道立德，不以穷困而改节。”主张君子立身处世，应向兰花看齐，在道德修养上修炼出坚贞不二、淡泊明志的高风亮节。张九龄赞美兰的品格：“兰叶春葳蕤，桂华秋皎洁。欣欣此生意，自尔为佳节。谁知林栖者，闻风坐相悦。草木有本心，何求美人折。”兰生长于幽岩绝壑，抱芳守节，无求于他物，怀慎独之志，确为难得。

战国时伟大的爱国诗人屈原是具有兰品的一个突出代表，《史记·屈原列传》称颂屈原：“博闻强志，明于治乱，娴于辞令。”屈原的政治主张遭到旧官僚贵族的激烈反对，而楚怀王又昏聩无能，忠奸不辨，听信谗言而迁怒于他，对他不予重用。到楚顷襄王时，屈原更被长期流放于沅湘一带。屈原虽然遭遇困厄，但其志不变，其行更廉，歌曰：“吾不能变心而从俗兮，固将愁苦而终穷！”他将这种念君爱国之志、匡时济世之情，通过兰花加以表达，索物以寄志。他对兰寄予无限的希望：“余既滋兰之九畹兮，又树蕙之百亩…… 枝叶之峻茂兮，愿俟时乎吾将刈。”他以兰为友，将兰作为知音：“时暧暧其将罢兮，结幽兰而延伫。”他将兰作为佩物，表示自己洁身自好的情操：“扈江离与薜芷兮，纫秋兰以为佩。”他又担心兰在秋风寒露中枯萎而从俗，变节而不芳：“时缤纷其变易兮，又何可以淹留？兰芷变而不芳兮，荃蕙化而为茅。”屈原以兰为象征、为寄寓，表达自己精神与品格的追求。

空谷生幽兰，兰最令人倾倒之处即其“幽”，因其生长于深山幽谷，故能一洗绮丽香泽之态，以清婉素淡的香气长葆本性之美。陈毅元帅也曾赞道：“幽兰在山谷，本自无人识。只为馨香重，求者遍山隅。”

《兰花图》 吴昌硕

情义深重、志同道合是兰之情

繁体字的“蘭”，由“草”“门”“柬”组合而成，寓在家中摆设幽兰，以请柬邀佳人入门之意。既见君子之情，又见友谊之深，因此有“义结金兰”的成语。义结金兰，源自《世说新语·贤媛》：“山公与嵇、阮一面，契若金兰。”“金兰”说法或来自《易·系辞上》：“二人同心，其利断金；同心之言，其臭如兰。”金，喻坚；臭，指气味；兰，喻香，指志向契合，友谊深厚。“义结金兰”是指朋友之间从情投意合，进而结为异姓兄弟或姐妹。从这个意义上看，人也应如兰一样，注重情义，珍惜手足之情，一诺千金。

清香高雅、幽香久长是兰之韵

北宋黄庭坚说：“士之才德盖一国，则曰国士；女之色盖一国，则曰国色；兰之香盖一国，则曰国香。”明代文彭为诗咏兰之香：“偶培兰蕙两三栽，日煖风微次第开。坐久不知香在室，开窗时有蝶飞来。”董必武称兰花有四清：“气清、色清、姿清、韵清。”

兰的香味与其他花卉比较，虽然氛氲浓郁，却不刺鼻，是一种清正、清雅、清纯的味道。君子应似兰，清纯温润，气息若有若无：近之，滋润心灵；远之，情韵摄魂；与其交往，心不累，情不郁，清清澈澈，轻轻松松，久久远远。与人做朋友，亲疏不强求，只求有如兰之味氤氲其间。当然，与人相处要清，自然不能存有功利心，应是志趣相投，品性相近，清正淡雅，这样友谊才能久远。

乐观向上、绰约多姿是兰之态

兰与一般花卉不同，一般花卉在人前竞妍斗美，唯有兰花自居山中；一般花卉都以色悦世，以味动人，唯有兰花极幽极微。

兰，常用于喻美好的资质，如“蕙心兰质”，兰花盛开时，绚丽可人，它告诉我们处世应该有阳光心态，每天都应该把灿烂的笑容带给周围的人。假如一个人每天像祥林嫂一样向别人诉苦，每天都愁眉苦脸，必然不知不觉传递着负面情绪，带给他人无尽的烦恼和痛苦。

抱团成长、相濡以沫是兰之形

兰草连体簇生，子母连体，同盆共生，连手开花。郑板桥诗曰：“兰竹芳馨不等闲，同根并蒂好相攀。百年兄弟开怀抱，莫谓分居彼此山。”在现实社会中，往往人不如兰。一个家庭，一个单位，乃至一个国家，常常存在内斗、内耗。其实人也应像兰一样，抱团成长，抱团取暖，同甘苦，共患难。特别是一家人，十指连心，注重亲情，和谐相处。这是人要向兰学习的地方。

【诗情花语】

于五松山赠南陵常赞府（节选）

唐·李白

为草当作兰，为木当作松。

兰秋香风远，松寒不改容。

【赏析】

李白的这首诗以草木喻人品，兰草象征着高洁、淡泊、贤德，松树象征着坚强、气节和矢志不渝。做人应该像兰草那样保持天然的、高尚的品德；也应像松树那样，保持应有的豪迈和气节。

《兰花图》 吴昌硕

梅花

梅花香自苦寒来

南北朝刘宋时期，北魏诗人陆凯与南朝文学家范晔是好友，然而当时南朝、北朝处于敌对状态，他们只能暗地里通信，互诉对时世的看法和感怀。一次，陆凯把一枝梅花装在信袋里，托人捎给好友范晔。范晔拆开一看，发现信中有梅花一枝并诗一首："折梅逢驿使，寄与陇头人。江南无所有，聊赠一枝春。"江南物丰文萃，但陆凯认为别的礼物不足以表达他对范晔的情感，唯有为报春讯先春而至的梅花是最适当的，因而遥遥千里，以寄思慕之情。范晔被陆凯这种真挚的感情感动得潸然泪下。这件事传出以后，南北文人称赞不已。后人遂以"一枝春"作为梅花的代称，也常用作咏梅和别后相思的典故。

"梅"，形声字，从木，每声。《说文·木部》载："枏也，可食。从木，每声。从木，从甘。""梅"从木，说明其

《梅传春信》 陈兰卿

是一种木生植物，“每”的本义为草旺盛生长；“木”“每”为“梅”，表示生长旺盛之木。春生、夏长、秋成、冬枯，是大多数草木的共性，特别是在北方尤为明显，但梅却在冬天傲然挺立。

乃梅之篆文。从金文演变而成，木变为左旁，为楳，指树上结有甘酸梅果之意。

为梅的异体字，两树相并，上象果形，后演变为。

“梅”的本义为酸梅子，与梅相关的成语很多，如“望梅止渴”指一想到梅子的酸味，口水直涌，也就不渴了；“摽梅之年”比喻女子已到了出嫁的年龄；“青梅竹马”指男女幼年时的亲密无间；“驿使梅花”表示对亲友的问候及思念；“梅标傲骨”比喻忠贞的气节和傲然脱俗的志趣。梅与兰、菊、竹称“四君子”，又与松、竹为“岁寒三友”。历史上，文人种梅、赏梅成为时尚，且梅树枝干越虬曲古怪越为人们所喜爱。

梅，小乔木，稀灌木，高4～10米；树皮浅灰色或带绿色，平滑；小枝绿色，光滑无毛。叶片卵形或椭圆形，叶边常具小锐锯齿，灰绿色。花单生或有时2朵同生于1芽内，直径2～2.5厘米，香味浓，先于叶开放；花萼通常红褐色，但有些品种的花萼为绿色或绿紫色；花瓣呈倒卵形，白色至粉红色。果实近球形，直径2～3厘米，黄色或绿白色，被柔毛，味酸；果肉粘核；核椭圆形，两侧微扁。花期冬春季，果期为5—6月。

梅原产中国南方，已有3000多年的栽培历史，无论作观赏树或果树均有许多品种。许多类型不但能露地栽培供观赏，还可以栽为盆花，制作梅桩。鲜花可提取香精，花、叶、根和种仁均可入药。果实可食、盐渍或干制，或熏制成乌梅成药，有止咳、止泻、生津、止渴之效。梅又能抗根线虫危害，可作核果类果树的砧木。

梅花是中国十大名花之首，在中国传统文化中，梅以其高洁、坚强、谦虚的品格激励着人们立志奋发。

梅花精神更为历代文人雅士所钟爱，他们或以其寄情，或以其言志，或以其喻美，留下不少趣闻轶事。

近代国画大师齐白石38岁时，因家庭人口增加，便带着妻儿搬到湘潭县莲花寨的梅公祠居住。那里梅花繁茂，每到冬天，从莲花寨到余霞岭二十余里，全是绽放的梅花。为此，齐白石特意把他住的梅公祠取名为“百梅书屋”。后来齐白石老人定居北京后，仍常以梅花为题材，精心作画。

近代金石书画大师吴昌硕爱梅成癖，曾有题梅诗云：“十年不到香雪海，梅花忆我我忆梅。”国画大师张大千一生也酷爱梅花，他种梅、赏梅、画梅、咏梅，自喻为“梅痴”。梅集高洁、秀雅、坚毅于一身，古人认为梅具四德，初生为元，开花如亨，结子为利，成熟为贞。梅花绽开五瓣，象征快乐、幸福、长寿、顺利、和平，有“梅开五福”之说。梅的色、香、韵、姿带给我们许多人生的感悟。

《梅花》 陈半丁

梅是报春的使者

著名京剧表演艺术家梅兰芳先生，姓梅，亦爱梅。“九·一八”事变后，梅兰芳迁沪，身居沦陷区，却不受威胁利诱，蓄须明志，绘画为生，所画多为红梅，疏枝红萼、迎风斗雪，借此表达自己的民族气节。

历代诗人写下了大量的咏梅佳句，南宋卢梅坡有两首咏梅诗：“梅雪争春未肯降，骚人阁笔费评章。梅须逊雪三分白，雪却输梅一段香。”“有梅无雪不精神，有雪无诗俗了人。日暮诗成天又雪，与梅并作十分春。”以此表达寒梅胜雪、冷蕊报春的高格。元代诗人王冕《白梅》诗云：“冰雪林中著此身，不同桃李混芳尘。忽然一夜清香发，散作乾坤万里春。”诗中说，在冰清玉洁的雪海中，梅花一枝独秀，一夜之间清香散发，给乾坤大地带来春的气息。

梅是高洁脱俗的象征

从梅花的颜色看，其色淡雅，以白色、淡红色为主。洁白的梅花象征着高洁、高雅，洁身自好，不随波逐流，不同流合污，因此被人称为“梅气骨”。人也应像梅花一样，具有纯洁高雅的品性。

法国思想家卢梭就是这样的一个人。卢梭年轻时只身闯荡巴黎，他创作的歌剧《乡村占卜师》在公演后大获成功，法国国王观看演出并给予很高评价。第二天，使臣来到卢梭的住所，宣他去见国王，并要赐给他一笔年金。这对于居无定所、入不敷出的卢梭来说简直是天恩浩荡，可是卢梭断然拒绝了。他在《忏悔录》里写道：“那笔可以说是到手的年金，我是丢掉了，但是我也就免除了年金会加到身上的枷锁。有了年金，真理完蛋了，自由完蛋了，勇气也完蛋了。从此以后怎么还能谈独立和淡泊呢？我就只得阿谀逢迎，或者噤若寒蝉了。”

俗话说：“拿人钱财，替人消灾。”食人俸禄，就要为人谋事。卢梭拒绝了国王，却保持了独立思想和自由精神，这是他能成为一个伟大的思想者的根本所在。

梅是不屈的典范

梅具有不畏严寒、经霜傲雪的独特个性，“梅花香自苦寒来”“不经一番寒彻骨，哪得梅花扑鼻香”，梅花最值得称道的是它的傲雪气节。

孙膑是战国时齐国的军事家，少时孤苦，年长后师从鬼谷子学习兵法，显示出了惊人的军事才能。当时与他一同学习兵法的庞涓，后来成为魏国将军，因嫉妒孙膑的才能，诳他到魏，处以膑刑（去膝盖骨）。为了保命，孙膑忍辱负重，后在齐国使臣的帮助下，终于脱离苦海，被齐威王任为军师。在马陵之战中，孙膑身居辎车，计杀庞涓，大败魏军。经历了世俗坎坷后的孙膑功成身退，隐居山林，写成媲美《孙子兵法》的《孙膑兵法》。

寒梅傲雪的精神向我们昭示，一个人要功成名就，难免需经受一番磨炼，其中也包括苦难、困厄的考验。

晚清维新志士谭嗣同，在变法失败后，本来可以和康、梁一起在日本使馆的保护下东渡避难，但他却决心用自己的牺牲向封建顽固势力做最后的反抗，并说：“各国变法无不从流血而成，今日中国未闻有因变法而流血者，此国之所以不昌也。有之，请自嗣同始。”并慷慨写下“望门投止思张俭，忍死须臾待杜根。我自横刀向天笑，去留肝胆两昆仑”的诗篇，就义时犹大呼“有心杀贼，无力回天，死得其所，快哉快哉”，充分表现了爱国志士舍生取义的英雄气节。

梅有挺拔之姿

从姿态来看，梅树虽然经受严冬的考验，但仍然挺拔粗壮。“梅”从“木”，“木”有坚毅、刚直的品性，寓意人碰到了霉运的时候，要学习梅坚挺、不趴下的品性。教育家张伯苓曾说：“人可以有霉运，但不可以有霉相！越是倒霉，越要面净发理、衣整鞋洁，让人一看就有清新、明爽、舒服的感觉，霉运很快就可以好转。”他还编了一句顺口溜：“勤梳头勤洗脸，就是倒霉也不显。”

很多文人志士，在落难的时候依然保持一身正气、端庄气象。苏轼平生举止潇洒自在、无拘无束，即使在面折廷诤或颠沛流离之际也不乏活泼生动的精神风貌。他被贬黄州，虽挂“团练副使”头衔，却“扁舟草履，放浪山水之间”。他喜欢海棠，“只恐夜深花睡去，故烧高烛照红妆”，以寄托自己“天涯流落”之感。他喜欢茂林修竹，月夜出游，“物我相忘，身心皆空”，以表露自己轻快的心境。他尤其喜欢梅花“寒心未肯随春态”的独有风格，借梅寓意自己决不“俯身从众，卑论趋时”的情怀。四年多的黄州生活，是他一生最辉煌的创作时期，成就之高令人惊叹。由此可见，杰出人物在仕途不如意的时候，也许就是他文学成就的高峰。

《梅花小鸟》 溥佐

【诗情花语】

卜算子·咏梅

毛泽东

风雨送春归，飞雪迎春到。已是悬崖百丈冰，犹有花枝俏。　　俏也不争春，只把春来报。待到山花烂漫时，她在丛中笑。

【赏析】

一代伟人毛泽东对梅情有独钟。他一生恋梅、咏梅，与梅花结下了不解情缘。1961年，对中国来说是个多事之秋。面对困难和压力，毛泽东想要表明共产党人的态度和斗志，有意写一首鼓舞士气的诗歌，他选择了写梅。读陆游的《卜算子·咏梅》，他感到文辞好，但意志消沉，只可借其形，不可用其义。

陆游的词是这样写的："驿外断桥边，寂寞开无主。已是黄昏独自愁，更著风和雨。　　无意苦争春，一任群芳妒。零落成泥碾作尘，只有香如故。"毛泽东"反其意而用之"，写出了上述同题著名词作。陆游咏梅之词，核心在一个"愁"字，毛泽东的咏梅词重点在一个"笑"字，鲜明的对比反映了两位作者的心境和精神。毛泽东的词表达了宽广的胸襟与气魄，描绘了梅花傲岸挺拔的精神气质和不畏严寒的性格，表达了威武不屈、豪迈地迎接挑战的决心。最后一句把词的境界推向高潮——春天来了，悬崖上梅花烂漫，一片绚丽——充满革命乐观主义精神。

菊花

此花开尽更无花

文学史上有一个有趣的故事：北宋时期，诗人苏轼到当朝丞相王安石府上拜访，被安排在书房等候接见。他看到书桌上有一首未完的《咏菊》诗稿，只有“西风昨夜过园林，吹落黄花遍地金”两句，心想：黄花（即菊花）秋天开得正艳，怎么会随风吹而落呢？王安石搞错了吧。苏轼不由兴之所发，便举笔舐墨，依韵续了两句：“秋花不比春花落，说与诗人仔细吟。”写了以后，不待晤面就一走了之。后来，王安石得知此事，欣然一笑。不久，朝廷任命苏轼为黄州团练副使。重阳节时，秋风过后，苏轼在黄州与来访的好友陈季常一道去后花园赏菊，没想到菊花棚下满地是黄灿灿的菊花，枝上全无一朵。苏轼目瞪口呆，半晌说不出话来。陈季常见而生疑，苏轼便坦诚相告：“去岁在王荆公府中，见他《咏菊》诗二句，道：‘西风昨夜过园林，吹落黄花

《菊花》　陈半丁

满地金。’小弟只道此老错了，还续诗笑他，却不知黄州菊花果然落瓣！此老左迁小弟到黄州，原来使我看菊花也。”难能可贵的是，苏轼在事实面前敢于认识自己的错误，从此变得谦虚多了。

菊，篆文为，异体字为蘜。“蘜，日精也，以秋华。”

“菊”，形声字。《说文·艸部》载：“菊，大菊，蘧麦。从艸，匊声。”

“菊”的本义为菊花。菊花是多年生草本植物，即石竹科的瞿麦。每当深秋时节，万花纷谢，唯有菊花凌寒怒放，生机勃勃。因此许多文人雅士对菊花情有独钟，赞赏有加。屈原《离骚》有“朝饮木兰之坠露兮，夕餐秋菊之落英”之句，陶渊明《饮酒》诗中有“采菊东篱下，悠然见南山”之语。由于菊花在秋天开花，故与兰有“春兰秋菊”之称。菊因花得名，后来又把戏曲界的女性称为“菊部”，把女班子称为“菊部头”。十月是菊花盛放的时节，所以又称为“菊月”。在秋风萧瑟、百花凋零之季，唯有菊花傲然独秀，不屈不挠，可观可赏，可食可药，令人可叹可佩，其品、其形、其味、其色、其韵都寄托着人生的情怀和憧憬，菊花养心、养眼，亦可养身。菊和梅、兰、竹并称“四君子”，颇具君子之风。

菊花为多年生草本，高 60～150厘米。茎直立，分枝或不分枝，被柔毛。叶互生，有短柄，叶片呈卵形至披针形，长 5～15厘米，羽状浅裂或半裂，基部楔形，下面被白色短柔毛，边缘有粗大锯齿或深裂，有柄。头状花序单生或数个集生于茎枝顶端，直径 2.5～20厘米，大小不一，单个或数个集生于茎枝顶端，因品种不同，差别很大。总苞片多层，外层绿色，条形，边缘膜质，外面被柔毛；舌状花白色、红色、紫色或黄色。花色则有红、黄、白、橙、紫、粉红、暗红等各色，培育的品种极多，头状花序多变化，形色各异，形状因品种各异而有单瓣、平瓣、匙瓣等多种类型，当中为管状花，常全部特化成各式舌状花；花期为9—11月。雄蕊、雌蕊和果实多不发育。菊花是经长期人工选择培育的名贵观赏花卉，公元8世纪前后，作为观赏花种由中国传至日本。17世纪末叶荷兰商人将中国菊花引入欧洲，18世纪传入法国，19世纪中期传入北美。此后中国菊花遍及全球。

菊花之品是恬淡

它没有百花的娇艳，也无令人赞叹的清香，总是淡淡地在凄风冷雨中默默地忍受孤独和寂寞，在世俗中保持着一份特有的从容和淡定。然而，它的平淡使其花、姿、色、韵独具特色。在百花即将枯萎的深秋季节，唯有菊花在霜中于田野村舍、木栅竹篱、树影墙旁悄然绽放，在凛冽的秋风中品读着恬淡脱俗。唐代类书《艺文类聚》卷八十一《药香草部·上》载，三国时期司马昭的谋士钟会曾称赞菊有五德：“黄华高悬，准天极也；纯黄不杂，后土色也；早植晚登，君子德也；冒霜吐颖，象劲直也；流中轻体，神仙食也。”

《菊花》　陈兰卿

千百年来，菊花以其清雅淡泊的形象，一直为世人所钟爱，同时也成为一种人格品性的文化象征。古人说：“琴棋书画养心，梅兰竹菊寄情。”如果说冬梅斗霜冒雪象征烈士不屈不挠的人格，春兰空谷自适喻意高士遗世独立的情怀，那么，秋菊则兼有烈士与高士的两种品格。晚秋时节，斜阳下，矮篱畔，一丛黄菊傲然开放，不畏严霜，不辞寂寞，无论出入进退，都显示出不屈的意志、顽强的精神和安于清闲、不慕虚荣、独具风骨的品性。

在中国历史上，第一个与菊花结下不解之缘的人要数东晋诗人陶渊明了。他不为五斗米折腰，辞去彭泽县令，挂印归田，当了隐士，酷爱莳菊，寄情于菊。他的诗作中，多次出现菊，如“秋菊盈园”“松菊犹存”“芳菊开林耀”“秋菊有佳色”，而“怀此贞秀姿，卓为霜下杰”“采菊东篱下，悠然见南山”的诗句更是流传千古，被后人奉为名句。

恬淡是菊花最显著的品性。在扰攘的红尘俗世中，不张扬、不浮夸，凡事看到别人的长处，自己本身即使才华横溢却也选择过着低调的生活，这就是菊花的品格，这就是人淡如菊。这样的淡，淡在荣辱之外，淡在名利之外，淡在诱惑之外，也淡在骨气之内。这样的淡，能够让我们在物欲横流的滚滚红尘中，排除纷扰，洞察世事，谢绝繁华，回归简朴，达到落花无言、人淡如菊、心静如水的思想境界。

古人云：“心为形所累。”欲望越大，压力越大；欲望越强，枷锁千钧。只有清心寡欲的智者才知道简单是福，平淡是真，知足常乐。做一个心淡如菊的人，拥有一种幸福和快乐的心境，这种心境与金钱、权利、名利、名气无关，只要能宽容对待生活和家人、朋友、同事，并且能做到收放自如，那么心中就会升起一朵永不凋谢的菊花，心灵轻松自在，平静祥和。

菊花之形是柔美

菊花有不艳不媚不屈的品性，南宋郑思肖在《画菊》诗中写道：“花开不并百花丛，独立疏篱趣无穷。宁可枝头抱香死，何曾吹落北风中。”在诗中，郑思肖歌颂了菊的刚直和傲骨。但菊花又有柔美的一面。菊花每一缕花瓣都是弯弯的、柔软的，这种弯曲是柔美的表现。苏轼在《赵昌寒菊》一诗中云：“轻肌弱骨散幽葩，更将金蕊泛流霞。欲知却老延龄药，百草摧时始起花。”诗中用“轻肌弱骨”书写菊花的柔美。

菊花之色是正义

菊花多为纯黄色，故有黄花、金花、金蕊之名。黄花是中华民族最高贵的颜色，称为正色，所以菊花象征着做人的正直和不偏斜。菊花本来是隐士的象征，但又象征一身正气和不屈，是勇气的代表。广州黄花岗七十二烈士陵园所在地，原地名叫红花岗，后改为黄花岗。先前，笔者对这一名称的改变不是很明白，

《菊花图》　吴昌硕

后来读了唐末农民起义领袖黄巢的诗句才恍然大悟。黄巢写了两首菊花诗："飒飒西风满院栽，蕊寒香冷蝶难来。他年我若为青帝，报与桃花一处开。""待到秋来九月八，我花开后百花杀。冲天香阵透长安，满城尽带黄金甲。"诗歌中菊花成了饱经沧桑的勇敢坚强的斗士，为民请命，替天行道。唐代诗人岑参有《行军九日思长安故园》："强欲登高去，无人送酒来。遥怜故园菊，应傍战场开。"诗中菊花也成为了战士的代表。因此，许多烈士陵园都种植了菊花，寓意烈士的正义、正气和刚毅。

菊花之味是清香

菊花的气味，虽是淡淡的清香，但有其独特的气场。每种花都有着自己的气场，且往往能与人的气场相通。就像陆游与梅一见如故，郑板桥与竹心意相通，说到菊，人们自然会想到陶渊明。菊的随性、清逸、散淡之气，正投合了陶渊明隐逸不争的脾性。物以类聚，人以群分。所谓的气场，也是气味相投。

菊，对生存环境不挑不拣，屋角篱边，田边地头……一春一夏，不显山露水，坚持草的扮相，郁郁葱葱，只顾享受着和风细雨、蝉吟蛙鸣。菊，有着极强的生命力，无论春夏，随便剪几枝，插在土中，适当浇水，就是一株鲜活的生命。

菊花之音是鞠、掬。古文"菊"与"鞠"同用，弯身低头的鞠躬之式，是一种谦恭和低调。深秋时节，草木绿意不再，百花落尽，唯有菊花迎着秋风秋雨怒放，唐代皇甫冉有诗："燕知社日辞巢去，菊为重阳冒雨开。"在一片萧瑟的秋景里，菊花是唯一的点缀。苏轼诗云："荷尽已无擎雨盖，菊残犹有傲霜枝。"说的是菊花虽然枯萎了，但花瓣仍高傲地挺立枝头，绝不飘落于地。元稹则赋："不是花中偏爱菊，此花开尽更无花。"盖一年花讯，梅花称首，菊花殿后，但菊花甘居人后，笑容可掬，所以菊花亦象征着快乐、温暖和喜庆。

【诗情花语】

重阳夕上赋白菊

唐·白居易

满园花菊郁金黄，中有孤丛色似霜。

还似今朝歌酒席，白头翁入少年场。

【赏析】

白居易这首诗新颖而别致，词约而意丰，表达了诗人虽然年老但仍有少年意气的情趣。以花喻人，饶有趣味。

诗以反衬的手法，以“满园”反衬“孤丛”，使白菊更为引人注目。用“色似霜”，描绘了白菊皎洁的色彩。后两句由花联想到人，联想到笙歌酒席之上的情景，颇有情趣。白菊虽是“孤丛”好似“白头翁”，但却与众“少年”在一起，并不觉孤寂、苍老，仍然充满青春活力。

桂花

独占三秋压群芳

“势败休云贵，家亡莫论亲。偶因济刘氏，巧得遇恩人。”《红楼梦》中，巧姐出生于七月初七，是荣国府贾琏与王熙凤之女。她自小娇贵多病，染痘疹、撞花神、受惊风。在刘姥姥二进大观园时，巧姐还在生病，王熙凤便请刘姥姥这个贫苦妇人给女儿起个镇邪压邪的名字。刘姥姥问了生辰后便用“以毒攻毒”的法子给她起名“巧姐”，寓意她日后或一时有不遂心的事，也必然是遇难成祥，逢凶化吉。巧姐生在富贵之家却终日与病魔打交道，年幼时家族败落，险些被王仁、贾蔷、贾芸等人卖给一个外藩王爷。幸被当年王熙凤善待过的刘姥姥所救，嫁给了刘姥姥的外孙板儿，住在荒村野店，以纺织谋生。以桂花比喻巧姐，是因为巧姐得遇贵人相助，因“桂”与“贵”谐音。《镜花缘》中司桂花仙子为“水中月”田舜英。

《桂花》　吴昌硕

《花卉》　齐白石

“桂”为形声字，从木，圭声。“圭”为古玉器名，古代贵族朝聘、祭祀、丧葬时以玉作为礼器，是尊贵之物。“木”“圭”为“桂”，指珍稀的树木。《说文·木部》载：“桂，江南木，百药之长。”“桂”现指一种常绿乔木，即肉桂，树皮通称桂皮；也指桂花、月桂。桂花在我国的栽培历史极为悠久，早在春秋战国时期就有关于桂花的记载，《山海经·南山经》载：“招摇之山多桂。”《尔雅》载：“梫，木桂。”桂花木质致密，文理如犀，又名“木犀”；而桂花在将要开放而尚未开放之时犹如黄色的小米，得名“金粟”；桂花通常生长在岩岭上，也叫“岩桂”；花开时浓香馥郁致远，九里之外都可闻到，故得“九里香”之名。民众常用桂花作吉祥图案，桂花和莲花的图案表示“连生贵子”；桂花与桃花的图案寓意“贵寿无极”；桂花与兰花画在一起，寓意兰桂齐芳，子孙昌盛显达。因其花香浓郁，人们用“桂馥兰香”“桂子飘香”等成语形容气味芳香；用“炊琼爇桂”“食玉炊桂”意指柴火像桂木一样贵，形容物价昂贵，人民生活极其困难；还有“蟾宫折桂”，寓意在科举时应考得中；用“桂殿兰宫”指称建筑气派、设备华美的宫殿；以“桂子兰孙”称誉他人的子孙。

桂花是木犀科常绿灌木或小乔木，为温带树种，高3～5米，最高可达18米。树皮灰褐色，小枝黄褐色，无毛。叶对生，多呈椭圆或长椭圆形，树叶叶面光滑，革质，叶边缘有锯齿。花簇生，花冠分裂至基乳，有乳白、黄、橙红等色，花极芳香。花期为9—10月上旬，果期为翌年3月。桂花喜温暖，抗逆性强，既耐高温，也较耐寒。桂花味辛，花、果实及根可以入药，有散寒破结、化痰止咳、暖胃散寒、祛风湿等作用。也可酿制桂花酒，古人认为桂为百药之长，象征着延年益寿，有开胃醒神、健脾补虚的功用。

桂花是我国十大传统名花之一，深受广大人民群众的喜爱。农历八月古称“桂月”，是赏桂的最佳月份，也是阖家赏月的团圆时刻，人们总是将桂花和月亮联系在一起，用“桂月”“桂轮”等来指代月亮。唐代段成式的小说《酉阳杂俎》载：“旧言月中有桂，有蟾蜍。故异书言，月桂高五百丈，下有一人常斫之，树创随合。人姓吴名刚，西河人，学仙有过，谪令伐树。”被吴刚所砍的桂树有很快愈合的能力，这和月亮的阴晴圆缺有相同的含义，月亮和桂树便象征长生。唐代诗人李峤《桂》诗中有句：“未植银宫里，宁移玉殿幽。枝生无限月，花满自然秋。”桂树生长在月宫之中，月中桂树的繁茂与月的圆缺变化相关，呼应了吴刚伐桂的传说。

桂花象征着出类拔萃

古时科举考试安排在秋季，恰是桂花盛开的时节，故我国古代把夺冠登科高中状元比喻成折桂。《晋书·郤诜传》载：“武帝于东堂会送，问诜曰：‘卿自以为如何？’诜对曰：‘臣鉴贤良对策，为天下第一，犹桂林之一枝，昆山之片玉。’”晋代郤诜策对名列第

《桂花多寿》　齐白石

一，自称是“桂林之一枝，昆山之片玉”，后来便称科举考试得中为折桂，“桂林一枝”便成为出类拔萃、独领风骚的同义词。唐代诗人白居易《喜敏中及第偶示所怀》中有“桂折一枝先许我，杨穿三叶尽惊人”之句，诗人在三兄弟中拔得头筹，率先科举中第，后诗人的弟弟行简和敏中也接连中第，好像杨穿三叶一样荣耀。诗人巧用典故，语带夸耀地表达出其中第的喜悦与兴奋之情。唐代诗人伊璠的《及第后寄梁烛处士》中云：“十年辛苦一枝桂，二月艳阳千树花。”十年寒窗苦读得中状元，诗人喜不自胜，对于整个家族而言亦是光耀门楣之事。想到考取功名后伴随而来的是荣华富贵，诗人掩饰不住内心的激动，借诗抒发自己的喜悦之情。

桂花隐喻着高洁风雅

桂花独占三秋，枝叶繁茂无惧风霜，历来被文人墨客所称颂。唐代诗人贯休《读刘得仁、贾岛集二首》中有句：“役思曾冲尹，多言阻国亲。桂枝何所直，陋巷不胜贫。”颜回身处陋巷却自得其乐坚守气节，诗人用此典故，以“桂枝”和“陋巷”喻隐士坚定的志向与高洁的品质。唐代诗人李白《咏桂》诗云：“世人种桃李，皆在金张门。攀折争捷径，及此春风暄。一朝天霜下，荣耀难久存。安知南山桂，绿叶垂芳根。清阴亦可托，何惜树君园。”桃花和李花很难长久地保持艳丽荣华，而南山上的桂花树，则常年绿叶垂阴，在桂花的树荫下乘凉，凉爽又芳香。诗人把桂花与桃李对比，突出了桂树默默奉献的高洁品质，表达了对桂花的喜爱，也表明自己如桂树般的品性。

桂花代表着仁爱善良。有个桂花酒的传说，这个传说体现了人们对仁爱善良的赞美和向往。传说古时候在两美山下有一个卖葡萄的寡妇，能酿美酒。寡妇为人善良，救助了一个将要死去的乞丐，本来想收留他在家中照顾的，但又担心人言可畏，乞丐只好拖着病体默默地离开。善良的寡妇非常担心，就出去找，却碰到一个干渴将死的老人。在四周无水的情况下，寡妇咬破自己的手指以血喂之。哪知这时老人突然不见，天上却飞来一个黄布袋，里面装满了桂子，袋上还附一诗：“月宫赐桂子，奖赏善人家。福高桂树碧，寿高满树花。采花酿桂酒，先送爹和妈。吴刚助善者，降灾奸诈滑。”这件事很快在乡下传开了，乡亲们纷纷来索桂子，善良的人种下后很快就能长大开花，邪恶的人种下之后就枯萎，于是，邪恶的人也洗心革面重新做人。寡妇则用桂花酿出了美酒。其实乞丐和老人都是吴刚变的，用来考验寡妇。寡妇是一个善良之人，得到了善良之果。

《老桂水墨国画》　吴昌硕

桂花寓意着富贵美好

桂花与“贵”谐音，因此在中国传统文化中，桂花成为富贵美好、吉祥如意的象征。在园林景观之中，人们把金桂与海棠、牡丹、玉兰相配置，取其谐音“玉堂富贵”；或在庭前植玉兰、海棠、迎春、牡丹和桂花，称“玉堂春富贵”。《吕氏春秋》载：“物之美者，招摇之桂。”这世界上最美好的东西是招摇山上的桂花，说明桂花早就被当作美和好的象征。唐代诗人皮日休《天竺寺八月十五日夜桂子》诗云：“玉颗珊珊下月轮，殿前拾得露华新。至今不会天中事，应是嫦娥掷与人。”中秋之夜，桂花好像是从月上掉下来似的。在大殿前拾起的洁白的新鲜桂花，这应该是嫦娥撒下来给予众人的吧。而在八月十五这一天，从天而降的桂花会给人们带来吉祥。白居易的《山中独吟》中有句：“身倚白石崖，手攀青桂树。狂吟惊林壑，猿鸟皆窥觑。恐为世所嗤，故就无人处。”一个爱诗成瘾害怕世人嘲笑之人独自居住在深山老林

《桂花白兔》　齐白石

中，他倚在白石崖上，手攀着枝叶青翠的桂树，大声地吟出自己的诗句，惊得鸟儿都倾巢出动。诗中提到的“白石崖”与“青桂树”皆为美好品质的象征。

【诗情花语】

木犀

宋·朱淑真

弹压西风擅众芳，十分秋色为伊忙。

一枝淡贮书窗下，人与花心各自香。

【赏析】

木犀，又作木樨，即桂花。秋风阵阵，桂花在萧瑟的秋风中忍耐霜寒，在一众呈凋零之象的花卉中盛开，整个秋天的美色集于桂花一身，独占秋色。诗人折下一枝桂枝放在窗前，花香与心香共通，难以分辨。

前两句诗人运用侧面烘托的手法写出了桂花的形和色，写出了桂花“擅众芳”的独特与珍贵之处，后两句写物我相融之趣，秋风吹过，花香沁入诗人心田，心香也由花香引发。此诗不仅写出了桂花的形态和香味，展现出桂花的风骨，表达了对桂花的赞美和诗人作为女性对“擅众芳”的自我个性和精神的肯定。

莲花

接天莲叶无穷碧

“根并荷花一茎香，平生遭际实堪伤。自从两地生孤木，致使香魂返故乡。”这首诗是对《红楼梦》中有命无运的香菱的判词。她原是江南甄家备受疼爱的千金小姐，却在幼时被拐，远走他乡，几经辗转成为薛蟠的小妾，备受夏金桂的摧残；高鹗续写的后四十回中，香菱被扶正，最终难产而死。香菱虽然遭到了厄运的磨难，但是却依然浑融天真，毫无心机，她总是笑着面对人世间的一切，恒守着她温和专一的性格。《镜花缘》中的莲花仙子章兰英在武则天命百花齐放之时，是最后应诏开放的，且转世为人后，也有着绝世的美貌、高贵的性情和出众的才华，在才女榜上位于“一等”之列。

“莲”，形声字。《说文·艸部》载：“莲，芙蕖之宝也。从艸，连声。”“莲”的本义为莲子，现指整株植物，即莲花。

《荷花蜻蜓》　齐白石

《尔雅》载："荷，芙渠。其茎茄，其叶蕸，其本蔤，其华菡萏，其实莲，其根藕，其中的，的中薏。"从中可以看出"莲"有很多别名，它的不同部位有各自的称谓。在上古时期"荷"和"芙渠"是统称，"菡萏"指"荷"的花，"莲"指果实，"藕"为根。晚唐常用"芰荷"，"芰"本指"菱"，后来以"芰荷"指"荷"。由于古印度有爱莲的风尚，在佛教创立之初，印度婆罗门教就崇尚莲花，因此"莲"也为佛家所喜爱，如"莲宇"是佛寺的别称，"莲界"指佛家净土世界。"水华""玉芝""泽芝""水芙蓉"等名称也用来指莲。人们还用"舌绽莲花"形容人的口才好，能言善道，有如莲花般美妙；用"步步莲"形容女子步态轻盈；用"柳腰莲脸"比喻女性腰如柳，脸似莲，形容女性之美；用"火中生莲"指深陷火坑、遭到不幸但能洁己不毁的人。

莲花又名荷花、水芙蓉

《荷花》　吴昌硕

等。原产亚洲亚热带和温带地区，中国早在周朝就有栽培记载。属山龙眼目，是莲属多年生水生草本花卉。花期在每年6—9月间，单生于花梗顶端，花瓣多数，嵌生在花托穴内，有红、粉红、白、紫等色，或有彩纹、镶边。坚果椭圆形，种子卵形。地下茎长而肥厚，有长节，叶盾圆形。莲花分观赏和食用两大类。莲花全身皆宝，藕和莲子能食用，莲子、根茎、藕节、荷叶、花及种子的胚芽等都可入药。

莲花被称为花中君子，是中国十大名花之一。莲花与中国文化的关系源远流长，在中国文化中有着比梅、兰、竹、菊更加深刻的韵味。莲花以“出淤泥而不染，濯清涟而不妖，中通外直，不蔓不枝，可远观而不可亵玩焉”的高尚品格，成为古往今来诗人墨客歌咏绘画的题材，贯穿于中国几千年的文学作品之中。明代王象晋在《二如亭群芳谱》中说：“凡物先华而后实，独此华实齐生。百节疏通，万窍玲珑，亭亭物华，出于淤泥而不染，花中之君子也。”

“莲”与“联”“连”谐音，“荷”与“和”“合”谐音，因此在中华传统文化中，经常以莲花（即荷花）作为和平、和谐、合作、合力、团结、联合等的象征；以荷花的高洁象征和平事业、和谐世界的高洁。“莲”还与“怜”同音，所以古诗中不少的诗句借写莲以表达爱情。如南朝乐府《西洲曲》：“采莲南塘秋，莲花过人头；低头弄莲子，莲子青如水。”“莲子”即“怜子”，采用谐音双关的修辞，表达了一个女子对所爱的男子的深长思念和爱情的纯洁。晋《子夜歌四十二首》之三十五：“雾露隐芙蓉，见莲不分明。”雾气露珠隐去了荷花的真容，莲叶可见但不甚分明，写出了一个女子隐约地感到男方爱恋着自己的朦胧之美。

莲花其形端庄美丽

莲的花朵美艳高洁，茎部高挺通直，在水中姿态亭亭玉立。“接天莲叶无穷碧，映日荷花别样红”就是对荷花之美的真实写照。早在《诗经》中就以莲花来比喻女子的美丽，后至唐宋使用的芙蓉面、金莲足、藕臂等词语皆为女性美丽的象征。杨万里的《红白莲》诗曰：“红白莲花开共塘，两般颜色一般香。恰如汉殿三千女，半是浓妆半淡妆。”红莲白莲共聚一塘，竞艳争芳，荷风送爽，荷香扑鼻，荷之半浓半淡的佳丽形象楚楚动人。将红、白莲花比作汉皇宫中的无数美女，她们有的浓妆重彩，有的淡妆清丽。诗人以生动形象的比喻描绘出了莲花婀娜的身段、窈窕的仪容与妆饰。曹植的《洛神赋》中有“迫而察之，灼若芙蕖出绿波”，即以出水芙蓉来形容苦苦思慕着的清丽明艳、风姿绰约的洛神。隋朝诗人薛道衡《昭君辞》中吟出“自知莲脸歇”，“莲脸”与“柳腰”一样，成为中国文学中形容美女的经典语词。

《蜻蜓荷花图》 齐白石

《清莲池趣》　陈兰卿

莲花其品高洁清雅

“莲”和“菊”均为不追求世俗功利而向往生命之本真的花卉，但二者在对待现实的态度上却有不同之处：“菊，花之隐逸者也”，面对无道的世态，菊采取的是逃避的态度；“莲，花之君子也”，在污浊的现实中莲选择修炼高洁的心性，选择的是一种从容平和的态度。菊花意象与远遁净土之上的老庄的无为出世之思想相通，莲花意象则与修身重德的儒家贤人的入世理想吻合。屈原的《离骚》中云：“制芰荷以为衣兮，集芙蓉以为裳；不吾知其亦已兮，苟余情其信芳！”用碧绿的荷叶制成上衣，用粉红的荷花缝成下裳，诗人为了表达不与世俗同流合污、不向邪恶势力妥协的决心，要穿上用荷叶荷花做成的衣服。衣服不同于一般的装饰品，它对于人们日常生活的重要性不言而喻。诗人从百花园中撷取荷花为衣，正是看中了荷花高洁的品质和美好的情操，这一点与诗人自身的气质是相契合的。《爱莲说》是描写莲花高洁品格的典范，周敦颐看到了荷花高洁、本色、可爱的本性，并融入道家超凡脱俗和儒家入世修身的精神因素，表达了对不离尘世而又不为世俗所污，高洁清远、自然本色、通达磊落的理想君子人格的追求和赞赏。

莲花其质清纯圣洁

莲花花叶清秀，花香四溢，沁人肺腑，有迎骄阳而不惧、出淤泥而不染的气质。所以莲花在人们心目中是真善美的化身，是吉祥的预兆，也是佛教中神圣净洁的名物。莲花虽置身淤泥之地，却能身不染污，不拖泥不带水，清洁无瑕。清代诗人吴绡的《卜算子·咏莲》中有句："莫笑出青泥，心净还如许。一片琉璃照影空，常向波中住。"词中描绘了白莲的圣洁，塑造了一个鲜明、美丽的形象。白莲出自青泥，但其花朵却皎洁晶莹，如冰似雪，莲花的这种特性让多少品德高尚的人折服。澄波对碧空，何等清净，白莲的纯洁自爱，使其不肯与俗艳同处，更衬托出白莲圣洁的形象。宋代诗人杨公远的《月下看白莲》诗曰："十里荷花带月看，花和月色一般般。只应舞彻霓裳曲，宫女三千下广寒。"十里白莲，花月一色，月下的白莲清纯圣洁，如月宫里的三千宫女，跳着霓裳羽衣舞，真是美不胜收。

《荷花》　陈兰卿

【诗情花语】

采莲曲

唐·王昌龄

荷花罗裙一色裁，芙蓉向脸两边开。

乱入池中看不见，闻歌始觉有人来。

【赏析】

这首诗像一幅美妙的采莲图，描写了江南采莲少女的劳动生活和青春的欢乐。诗歌写的是采莲少女，但诗中并不正面描写，而是用荷叶与罗裙一样绿、荷花与脸庞一样红、不见人影闻歌声等手法加以衬托描写，巧妙地将采莲少女的美丽与大自然融为一体。

芍药

曾惜名花第一娇

“可惜南天无此花，丽情还比牡丹奢。难忘西掖归来早，赠与妆台满镜霞。”在《红楼梦》中着墨不多的薛宝琴正如龚自珍在《忆京师芍药》诗中所描绘的那样，像一朵艳丽、初放的芍药花。薛宝琴出身于皇商之家，是薛姨妈的侄女、薛宝钗的堂妹。她自幼读书识字，本性聪敏，曾跟随父亲走遍了三山五岳，见多识广，因而不同于养在深闺的众姐妹。在她所作的十首怀古诗中，其实暗含十件物品，但大观园中无人能解开一二。她十分美貌，相貌在其姐薛宝钗之上，贾母夸她比画上的还好看，王夫人也认她为干女儿，是一位近乎完美的人，后嫁给梅翰林之子。《镜花缘》中的芍药仙子是“玉交枝”郦芳春，是品格最高的十二师之一。

“芍”，形声字，从艸 、从勺。“艸”为“草”的本字，

《芍药》 张大千

《芍药图》　张大千

“芍”从“艸”，表示“芍药”是草本植物中的一种。“勺”是一种有柄的可以舀取东西的器具。“药”从艸、从勺，表示其是一种可用勺子食用的、可以煎服的草药。《说文·艸部》载：“芍，凫茈也。”“芍药”最早见于《诗经·郑风·溱洧》：“维士与女，伊其相谑，赠之以勺药。”现存最早的中药学著作《神农本草经》中，也有关于芍药的描述。李时珍的《本草纲目》中对“芍药”的名称有两种解释：一是“芍药，犹绰约也。绰约，美好貌。此草花容绰约，故以为名”，是因花容绰约而得名；二是“罗愿《尔雅翼》言：制食之毒，莫良于勺，故得药名。亦通”，认为调和五味用来解毒，需一勺之多，便可奏效，故称为勺药。《文选·南都赋》载：“黄稻鲜鱼以为芍药。”其中的“芍药”就是五味之和的意思。芍药有很多别名，有“将离”“可离”之称。晋崔豹的《古今注问答释义》中记载：“牛亨问曰：‘将离别相赠以芍药者何？’答曰：‘芍药一名可离，故将别以赠之。’”又因芍药是宿根草本花卉，没有坚硬的木质茎秆，故有“没骨花”之称。芍药是殿春之花，因此唐宋文人称芍药为“婪尾春”，婪尾乃是最后之杯，正合芍药殿春之意，清代沈初有诗：“筱园北达蜀冈偏，婪尾今看夺众妍。”此外，芍药还有“挛夷”“扬花”等别名。

芍药源于黄河流域，早在3000多年前已为观赏植物，比牡丹还早1000多年，堪称花国中的“元老”。芍药是芍药科芍药属多年生宿根草本花卉。花瓣呈倒卵形，花盘为浅杯状，花期在每年5—6月，花一般生于茎的顶端或近顶端叶腋处。园艺品种花色丰富，有白、粉、红、紫、黄、绿、黑和复色等，花瓣可达上百枚。芍药喜光照，耐旱。芍药植株在一年当中随着气候节律的变化而产生阶段性的发育变化，主要表现为生长期和休眠期的交替变化，其中以休眠期的春化阶段和生长期的光照阶段最为关键。芍药可作专类园、切花、花坛用花等，芍药花大色艳，观赏性佳，和牡丹搭配可在视觉效果上延长花期，因此常和牡丹搭配种植。芍药有药用价值，入药的部位主要是其块根，有赤芍和白芍之分，二者功效不同。

在中国的百花园中，牡丹和芍药因外貌相似，被称作“姐妹花”，牡丹在花卉中被尊为“花王”，芍药则被尊为“花相”。宋代陆佃的《埤雅》对芍药加以品评：“今群芳中牡丹品评为第一，芍药第二，故世谓牡丹为花王，芍药为花相。”芍药到了“一花之下，万花之上”的地位。芍药兼有色、香、韵三者之美，为历代文人所吟咏。南宋郑樵《通志略》记载：“芍药著于三代之际，风雅所流咏也。”早在《诗经》和《楚辞》中，芍药就已出现，其历史之悠久远过于牡丹、海棠等著名花卉，因此宋代王禹偁在《芍药诗并序》中认为其有“百花之中，其名最古”的资格。文人骚客们不仅描绘芍药“最是倚栏娇分外”的物色之美，也称赞其“铅华不待学梅妆”的品格之美。

芍药象征着赠别离情

芍药又名“将离”和“可离”，清末王先谦《诗三家义集疏》曰：“韩说曰，勺药，离草也。言将别离赠此草也。”离别便成为芍药一个挥之不去的意象。早在《诗经》中“维士与女，伊其相谑，赠之以勺药”之句，表达的就是男女相聚，又说又笑，互相赠送芍药的情景。后在诗人的笔下，芍药被用来表达惜别之情，成为离别的象征。唐代诗人元稹《忆杨十二》诗曰：“去时芍药才堪赠，看却残花已度春。只为情深偏怆别，等闲相见莫相亲。”诗人与好友杨十二离别的时候，赠送刚刚开放的芍药花以表达诗人对好友的美好祝愿和依依惜别之情。转眼春天逝去，芍药花也已凋零，正如同诗人与好友虽情深义重，却也不得不分离，这是无能为力的事情。诗中芍药作为赠别离情的意象，

《殿春芍药》 张正雍

将诗人对故友深深的怀念渲染得淋漓尽致。唐代诗人王建《别药栏》诗曰："芍药丁香手里栽，临行一日绕千回。外人应怪难辞别，总是山中自取来。"诗人在自家庭院里栽种了芍药和丁香，花开时节，本该在自家庭院悠闲赏花的诗人却要远行了。临行前一日，他绕着自己栽种的花行走了无数次。外人应该会责怪诗人爱花而难以辞别，但是这些花却也都是诗人亲自从山中移植回来精心培育的呀！诗中的芍药和丁香就是诗人寄托离情的媒介，饱含着浓浓的离情别意。

芍药蕴含着伤春之情

芍药因花期是春末夏初，因此又叫"婪尾春"。芍药花开的时节就是春天即将过去之时，常会令人产生对春天的美好时光的眷恋不舍之情。北宋秦观有诗云："有情芍药含春泪，无力蔷薇卧晓枝。"而人的芳华岁月不似自然界中的花开花落，不会年年有轮回，而是一去不返。宇宙的恒常和人生的有限之间不可化解的矛盾，正是伤春作品大量出现的原因之一。南唐张泌《芍药》诗曰："香清粉澹怨残春，蝶翅蜂须恋蕊尘。"香清粉澹是暮春芍药的典型特征，曾经灼灼其华、花繁叶茂的芍药花随着春光的流逝逐渐香消色褪，再无当日盛开之景。蝴蝶和蜜蜂似乎知道春光不长，芍药花也将凋谢，因此对残花剩蕊更是恋恋不舍。芍药面对此情此景，心中定然满是凄凉之感，那她可以怨谁呢？诗人也借花抒发了自己心中的苦闷。宋代诗人陆游的《暮春》诗曰："辛夷海棠俱作尘，鲎鱼莼菜亦尝新。一声布谷便无说，红药虽开不属春。"这首诗中，逝去的不仅是无限美好的春光，还有那金子般的青春年华，把岁月的沧桑之感和人生的蹉跎之叹展示得淋漓尽致。

芍药代表着富贵荣华

芍药不仅在花卉中被称作“花中之相”，而在古代故事中，它与相权也有着奇妙的关系。北宋沈括在《梦溪笔谈·补笔谈》中记录了“四相簪花”的故事：公元1045年，时任扬州太守韩琦官署的后花园，有一株芍药的一个枝头一下子开了四朵花，花瓣中间围了一圈金黄色，上下却呈红色，因此被称为“金缠腰”。韩琦打算邀请三个人来赏花，以应四花之祥端，当时，同在大理寺供职的王珪、王安石和陈升之均在被邀之列。饮酒赏花之际，韩琦剪下这四朵花，在每人头上插了一朵。说来也巧，在此后的三十年里，参加赏花的这四个人竟然先后都做了宰相。这个故事寓意芍药可以带来吉祥富贵的好运。不仅如此，芍药还经常和“金”并提，象征着尊贵、富硕与吉祥。唐代诗人王维有诗云：“芍药和金鼎，茱萸插玳筵。”此诗是重阳节的祝寿诗，歌颂天下太平、国富民强，因此所用意象都是吉祥美好的事物。此处诗人将芍药和金鼎放在一起，二者成为富贵与吉祥的象征。

《芍药》　张大千

【诗情花语】

谢赵生惠芍药

宋·陈师道

九十风光次第分，天怜独得殿残春。

一枝剩欲簪双髻，未有人间第一人。

【赏析】

“风光”指“春光”，春季九十天的风光被上天按照次序分配给姹紫嫣红的各色花卉，芍药“殿残春”，独得上天的喜爱并作为“司春女神”盛开于晚春。想把一支芍药花作为发簪插在女子的发上，可在人间却找不到一位天下第一的美人来配这朵娇俏的花。强烈的时空感让此诗意境深远悠扬，引人深思。

诗人运用了比喻、反衬、侧面描写等手法热情地赞颂了芍药花的美丽，并注入自己对当时社会政治的看法，表达了怀才不遇的哀叹。

海棠

占春颜色最风流

“富贵又何为？襁褓之间父母违。展眼吊斜晖，湘江水逝楚云飞。”史湘云是贾母的内侄孙女，幼时父母双亡，由叔父抚养。叔父迁任外省大员时，贾母舍不得她，便将她接到园中居住。海棠花有“睡美人”之誉。唐玄宗李隆基登沉香亭，临时起意召见杨贵妃。杨贵妃恰巧酒醉，高力士便叫宫女搀扶杨贵妃出行，贵妃鬓乱妆残，仍处在醉酒状态未曾醒来。玄宗见状笑道：“岂妃子醉，直海棠春睡耳！”曹雪芹也以此典故暗喻史湘云为海棠花。在《红楼梦》第六十二回中，湘云酒醉眠卧于芍药丛中，活脱脱便是一幅“海棠春睡图”。在第六十三回中，湘云抽到一根题着“春梦沉酣”的海棠签，诗云“只恐夜深花睡去”。

《红楼梦》全书描述的植物有230多种，居首的是海棠花，吟花辞赋贯穿全书之间。《红楼梦》中的海棠不仅是红楼儿女欣

《海棠顽石》　吴昌硕

《海棠绣眼》　陈兰卿

赏的对象，也是大观园女儿的命运寄托。曹雪芹把人运之兴衰与花势之荣萎融合为一体，意蕴深刻，高尚脱俗。《镜花缘》中的海棠花仙子是郦锦春，她在才女榜位列二十，被称作“花御史”。

海棠是蔷薇科苹果属的植物，以栽培观赏为目的，果实直径≤5厘米。花期为每年的4—5月，果期为每年的8—9月。海棠树高可达8米；小枝粗壮，圆柱形，幼时具有短柔毛，逐渐脱落，老时为红褐色或紫褐色，无毛；冬芽卵形，先端渐尖，微被柔毛，紫褐色，有数枚外露鳞片。叶片椭圆形至长椭圆形，基部宽楔形或近圆形，边缘有紧贴细锯齿，有时部分近于全缘，幼嫩时上下两面具稀疏短柔毛，以后脱落，老叶无毛。海棠花是制作盆景的材料，切枝可供瓶插或其他装饰之用。海棠花对二氧化硫的抗性较强，适用于作城市街道绿地和矿区绿化树种。花含蜜汁，是很好的蜜源植物。此外，有的海棠果实可供食用或药用，如木瓜海棠，果实是海棠梨，又名木瓜。果实呈卵形，金黄色，有浓香，并富含大量的有机酸，如苹果酸、柠檬酸及维生素C等。可以用来泡酒，治疗风湿、腰痛等病症。

“海棠”一词最早出现在唐代贾耽所著的《百花谱》中，被称为“花中神仙”。但在历史上海棠的称谓却有着多次的演变。“棠”字始现于春秋战国时期，《诗经·甘棠》篇有“蔽芾甘棠，勿翦勿伐，召伯所茇”之句。唐李德裕在《平泉山居草木记》中记录了江浙一带的花草，其中“奇者有天台之金松、琪树，稽山之海棠、榧桧”等。他还提出了“花木以海为名悉从海上来，如海棠之类是也”的说法，认为海棠是来自海外的植物。海棠在我国的栽种历史悠久，名称大致依次经历了从杜、甘棠、亭、柰到野棠、海红、海棠的演变过程。

“海”，形声字，从水，每声。“每”的本义为草旺盛的样子。“水”“每”为“海”，意为水旺盛的样子。《说文·水部》载：“海，天池也，以纳百川者。”“海”也就是承受接纳江河流水的最大水域。

“棠”，形声字，从木，尚声。“尚”“木”为“棠”，意木中之高贵者。“棠”是一种乔木，在古代主要用于观赏，常被栽种在厅堂之下的院落之中作为装饰。

海棠花又被称作“花中神仙”“花苑仙品”，是雅俗共赏的名花。海棠种植在皇家园林中与玉兰、牡丹、桂花形成“玉棠富贵”的意境。海棠花开似锦，颜色艳丽，素有“国艳”之誉。因此，“海棠醉日”用来形容女子之美；“甘棠之爱”和“甘棠之惠”近义，指对官吏的爱戴；更有“一树梨花压海棠”，用来指老夫少妻；“海棠春睡”形容美人没睡醒时的慵懒之态。

海棠娇憨而不媚俗，不似桃花般娇艳，不似梨花般清秀，也不似梅花般孤傲。它花朵虽小，但繁花累累，一树千花。“海棠”之所以为花中之师，大抵有如下的理由：海棠，名中有“海”，表示其品种是漂洋过海而来，同时，也表示其品质中有海纳百川的特点。古代的士大夫常借海棠抒怀。宋代文学家苏轼的《海棠》就是一首典型之作，诗曰："东风袅袅泛崇光，香雾空蒙月转廊。只恐夜深花睡去，故烧高烛照红妆。"春意暖融，海棠散发阵阵幽香，沁人心脾，月亮已转过回廊，照不到海棠。此时，诗人顿生满心怜意，不忍心让它独自栖身在混昧幽暗之中，于是用高烧的红烛，为它驱除长夜的黑暗。从诗中，我们可以看到作者达观、潇洒的宽广胸怀。

海棠为春天添一分春意和景致

阳春三月，"云绽霞铺锦水头，占春颜色最风流"，正是海棠花开时。各大古典园林中，海棠用来营造春季景色。古人喜欢把海棠种植在门庭前、道路两旁、湖畔池边以及亭台周围和丛林边缘。"二千里地佳山水，无数海棠官道旁"，海棠也有被作为行道树栽种的记载。海棠花花团锦簇，明艳动人。明代王象晋在《二如亭群芳谱·海棠》中云："贴梗海棠花五出，初极红，如胭脂点点然，及开则渐成缬晕，至落则若宿妆淡粉矣。"对海棠花开的描述极其细腻生动。海棠也作为装饰图案或景观营造出春意浓浓的氛围。苏州的拙政园由明代的王献臣肇建，而园中园"海棠春坞"则是私家园林海棠造景的典范。海棠春坞的庭院铺地是由青、红、白三色的鹅卵石镶嵌而成的"万"字海棠花图案，院内种植一株垂丝海棠、一株西府海棠，初春时分花开似锦，与庭院铺地的海棠花纹相呼应，海棠花的秀姿艳质使庭院更显清静幽雅。

古代诗人也多以海棠来代表春天，表现自己的心志。金末文学家元好问的《同儿辈赋未开海棠》诗云："枝间新绿一重重，小蕾深藏数点红。爱惜芳心莫轻吐，且教桃李闹春风。"诗句描绘了海棠蓓蕾在海棠枝间层层叠叠的绿叶中尚未完全开放而仅仅泛着些许红色的场景，并劝告海棠花不要像桃花、李花一样在春风中随意开放，而是要“爱惜芳心，坚守节操”。诗人借韵致更佳、未开的海棠寄托了自己不趋炎附势、不与人争斗的矜持高洁。海棠虽然为春天增添了一抹春色，也常带来一丝丝的闲愁。李清照的《如梦令》词曰：“昨夜雨疏风骤，浓睡不消残酒。试问卷帘人，却道海棠依旧。知否？知否？应是绿肥红瘦。”昨夜的风雨无情，搅扰了花木，词人不忍甚至是不敢看门外的海棠，因此询问侍女。但侍女对海棠花漠不关心的态度让词人不满，“知否，知否？应是绿肥红瘦”是词人对侍女的轻责和嘱咐，是借雨打海棠花抒发伤春的心境和幽怨的愁绪。“离肠宛转，瘦觉妆痕浅。飞去飞来双语燕，消息知郎近远。楼前小雨珊珊，海棠帘幕轻寒。杜宇一声春去，树头无数青山。”元好问的这首《清平乐·离肠宛转》，用细雨、海棠花开、燕子语的意象衬托孤独

《春日景明》　陈兰卿

冷清的心理氛围，词人借由海棠表达了凄婉的伤春思远的闺情。

海棠寄托着人们的美好愿望

海棠是吉祥美好的花卉，人们总是借用海棠来表达美好的祝愿。“棠”与“堂”谐音，因此海棠与其他花卉相配便具有丰富的含义，如海棠与菊花、佛手相配，寓意“福寿满堂”；与五个柿子相配，寓意“五世同堂”。在北京中南海西花厅中，种植了许多西府海棠。1954年春天，海棠盛开之时，钟爱海棠的周恩来总理正在瑞士参加日内瓦会议，无法亲临赏花。于是夫人邓颖超便剪下一枝海棠花，做成标本，夹在书中托人带给他。总理收到海棠标本后，非常感动，回赠了邓颖超一支芍药。周恩来与邓颖超以花为媒进行跨越国境的问候，成为广为流传的佳话。

中国古代的纺织品中，海棠纹样是常见的样式。从现存可见的纺织品来看，海棠纹样象征着美好富贵，通常都寄托人们的美好祝愿，寓意吉祥美好。宋代的折枝海棠花纹、缂丝紫鸾鹊谱，清代的白缎地掺针滚针绣海棠暖耳、红缎地摘绫绣“玉堂富贵”褡裢荷包等，都以海棠花的元素表现“如意”“富贵”“吉祥”的美好愿景。

《海棠草虫》（局部）　齐白石

【诗情花语】

海棠

宋·任希夷

红妆翠袖一番新，人向园林作好春。

却笑华清夸睡足，至今罗袜久无尘。

【赏析】

明媚的春光下，海棠花似一名身着翠服的红妆少女，充满生机地迎接自己的新生活。春风乍起，少女步入气象万千的自然天地，无穷的意象便蹁跹而至，令人遐想。后两句诗人以人比花，将“作好春”的海棠花与倾国倾城的杨贵妃比较，美人杨贵妃在海棠生意盎然的一笑中尚略输一筹，海棠便胜似佳人了。

此诗别开生面，语少意足，有无穷之味。写花却不写一花一叶，而以佳人为喻，以空灵的虚笔描述，为读者带来一幅充满无穷想象的海棠春睡图。

水仙

水上轻盈步微月

清代小说《镜花缘》中水仙为“十二花师”之一，被称赞为“态浓意远，骨重香严，每觉肃然起敬，不啻事之如师”，司水仙花的仙子是第三十二名才女“凌波仙”廉锦枫。

传说水仙花是尧帝的女儿娥皇、女英的化身。她们同嫁给舜，死后魂魄化为江边水仙，二人也成为腊月水仙的花神了。

水仙花雅称“凌波仙子”，这个雅号来自于曹植的《洛神赋》中有关洛水女神的传说。相传宋代诗人杨仲囦得到水仙数株，养在古铜洗中，长得非常茂盛，喜爱之极，便模仿曹植的《洛神赋》而作了《水仙花赋》，时人传为美谈。由于江南为水仙盛产地，故后人一直称水仙为“凌波仙子”。

和梅花、莲花不同，水仙是一种归化植物，石蒜科，原产法国和希腊，五代时期始传入中国。唐代白云先生司马承祯在《天

《水仙山雀》 陈兰卿

隐子·神解章》曰："在人谓之人仙，在天曰天仙，在地曰地仙，在水曰水仙，能通变化之曰神仙。"而历史上把水仙作为植物的记载最早出现于唐代段成式的笔记小说《酉阳杂俎》中："奈祇出拂林国，根大如鸡卵，叶长三四尺，似蒜，中心抽条，茎端开花，六出，红白色，花心黄赤不结籽，冬生夏死。"这里的"奈祇"就是"水仙"。

水仙花是柬埔寨的国花。水仙花是冬季室内的珍贵观赏花卉，翠绿欲滴的叶片、亭亭玉立的花梗、淡黄的花蕊，散发着沁人心脾的清香，为花中之珍品。

水仙花在全世界约有60余种。在中国，水仙主要有两个品种：一种是金盏银台，另一种是千叶（重瓣）。水仙花白色，芳香，花瓣多为6片，也有8片的，呈椭圆形，花瓣末处呈鹅黄色。花蕊外面有一个如碗一般的保护罩。花蕾自叶丛中抽出，高于叶面。花期为冬季，在春节前后开花。水仙为须根系，须根由茎盘上长出，乳白色，肉质，圆柱形，无侧根，质脆弱，易折断，断后不能再生。中国水仙的叶扁平呈带状，苍绿，叶面具霜粉，先端钝，叶脉平行。水仙为秋植球根类温室花卉，生命力顽强，喜光、喜水、喜肥，适于温暖、湿润的气候条件，能耐半阴，不耐寒。水仙根味苦，微辛，精神过度紧张的人在闻过花香后能有所松弛。

人们赞美水仙"百花之中，此花独仙"。其品质"冰玉其质，水月其神"，其姿态"极纤秾而不妖，合素华而自妍。骨则清而容腴，外若脆而中坚"，其精神"不怕晓寒侵"，其品格"不许淤泥侵皓素"。为此，文人雅士对水仙作了"仙人之姿""君子之德"的概括。

宋代黄庭坚诗赞水仙花："凌波仙子生尘袜，水上轻盈步微月。是谁招此断肠魂，种作寒花寄愁绝。含香体素欲倾城，山矾是弟梅是兄。坐对真成被花恼，出门一笑大江横。”诗中说，你看，凌波仙子穿着沾满细尘的罗袜，在水面上踏着一轮微月，迈着轻盈的步伐，多么素洁，多么高雅。水仙花不仅外形美，而且具有高洁脱俗的气质。

“水”，形声字，甲骨文的字形为，金文为，小篆为，中间一条连贯宛转之线条如流水之相，两旁之点如水滴。本义为水流，特指江、河、湖、海。《说文·水部》载：“水，准也。”即水的特征是趋平之物。中国古代先贤认为金、木、水、火、土是构成世界的基本元素，地球先有水，后孕育出人，水是人类以及万物生存的首要条件。老子最推崇“水”，他在《道德经》中讲：“上善若水。水善利万物而不争，处众人之所恶，故几于道。”“上善”的智慧是当如水之柔中有刚、刚柔一体，当如水般随机应变。

“仙”，会意字。繁体为“僊”，简体为“仙”。“人”加“䙴”，表示人远离家园。《说文解字》载：“僊，长生迁去也。”《释名·释长幼》载：“老而不死曰仙。仙，迁也，迁入山也。”“仙”的本义为仙人、神仙。“仙”表示超凡脱俗，深山修炼，也表示先人后仙，即先做人后成仙。

《水仙》 陈半丁

从水仙花名称的含义以及色、香、味、形和花开的季节，我们可以看到水仙的独特之美。

水仙具有清新高洁的品格

水仙首先有一个“水”字，表明水仙与水息息相关，具有离不开水的生态习性。明朝李时珍《本草纲目》中记载：“水仙宜卑湿处，不可缺水，故名水仙。”而明代高濂也在《遵生八笺》中载：“因花性好水，故名水仙。”

水仙的种植与需要肥土栽培的花卉不同，在家中种植水仙极为方便。在室内温度适宜的前提下，将水仙的球茎放置在一盆清水中，并用少量石子将根须固定住，水仙便可生叶开花。而在容器和石子的选择上，历代文人十分讲究，他们选择精致的瓷器和洁白的石头来衬托水仙“亭亭绝尘滓，迥迥见情性”的绝尘超俗的高雅气质。“借水开花自一奇”，水仙与莲花出淤泥而不染的习性相近，但莲花出自淤泥，而水仙“瓷斗寒泉不受尘”，却是用清水滋养的，更显得品性芳洁、气质清雅。因此，水仙不仅得到了文人墨客的喜爱，也得到了贵族阶层的喜爱。清代康熙皇帝就写有《见案头水仙花偶作二首》：“翠帔缃冠白玉珈，清姿终不污泥沙。骚人空前吟芳芷，未识凌波第一花。”乾隆皇帝对水仙更是喜爱有加，创作了一批吟咏水仙的诗歌。

水仙在中国文学中被赋予了君子之德，承载着人们对于理想人格的追求。水仙花和梅花的开花时间相似，均在群芳俱寂的隆冬时节吐露芬芳，加之有水则生的特点，更让人们认识到水仙不媚俗、坚毅和高洁的品格。宋代诗人刘克庄作《水仙花》云：“岁华摇落物萧然，一种清风绝可怜。不许淤泥侵皓素，全凭风露发幽妍。骚魂洒落沉湘客，玉色依稀捉月仙。却笑涪翁太脂粉，误将高雅匹婵娟。”水仙的形象在这里被比作屈原和李白，打破了人们对其“凌波仙子”的固定印象，超越了女性脂粉气息，赋予了其更为高雅的精神品格。南宋词人辛弃疾的《贺新郎·赋水仙》云：“灵均千古怀沙恨。恨当时、匆匆忘把，此仙题品。”在此句中，词人由水仙而联想到因谗言而被贬黜的屈原。当年楚顷襄王听信上官大夫的谗言，将屈原放逐。屈原来到江滨，作《怀沙》之赋，发出了“举世皆浊我独清，众人皆醉我独醒”的哀叹，最终选择投汨罗江结束自己的生命。在辛弃疾看来，屈原走得太匆匆，忘记给水仙题品，屈子“深思高举、洁白清忠”的品格与水仙高洁的品质正相吻合。

《天竺水仙》　齐白石

水仙具有坚贞不屈的精神

水仙在天寒地冻、草木尽枯的冬末开花，与岁寒三友相比也毫不逊色，因此古人常将其与松、竹、柏以及梅花联系在一起称赞其坚贞的品格。近代鉴湖女侠秋瑾曾作《水仙诗》“瓣疑是玉盏，根是谪瑶台。嫩白应欺雪，清香不让梅。”水仙花高雅的形象品格引起了诗人的无限遐想，水仙的花瓣颜色雪白，形状圆润，上有五尖，似玉盏一般。水仙的颜色可“欺雪”、清香“不让梅”，即使结局是从瑶台贬谪，那又怎样呢？诗人以花明志，表达了自己同水仙一样不与世俗同流、坚强不屈的精神品质。在南宋特殊的时代背景下，水仙成了民族气节和操守的象征。南宋文人高似孙在《水仙花前赋》和《水仙花后赋》的序中将水仙比作“不食周粟”的伯夷，而在南宋灭亡后，文人常借水仙寄托国破家亡的哀思。南宋王沂孙的《庆宫春·水仙花》词曰：“国香到此谁怜，烟冷沙昏，顿成愁绝。花恼难禁，酒销欲尽，门外冰澌初结。试招仙魄，怕今夜、瑶簪冻折。携盘独出，空想咸阳，故宫落月。”此词人花双关，词人用水仙花的细小纤弱表达对宋室倾颓、辞宫去国的痛惜。水仙昔日为“国香”，可如今却花败国亡，为了不使水仙像玉簪一样被冻断，就让我召回你的芳魂吧。此时的水仙花就不再只是供人赏玩的佳卉，而是寄托了无比深切的家国愁绪的典型意象。

水仙象征着吉祥如意

在中国阴历新年前后开花的水仙表达了迎新纳福的美好愿望，被人们视作吉祥如意的象征。在我国南方，春节家中必摆年橘和水仙，寄托着人们对幸福吉祥的追求。水仙婀娜曼妙的姿态、清新幽静的香气使其作为赠送亲朋、寄托美好祝愿的馈赠佳品。得水而“仙”，“仙”字在中国古代是指凌驾于神灵之上的存在，是修为境界超脱凡尘、可以长生不死的人。“仙”是“山中之人”，一方面，表示仙人在山中进行修炼；另一方面表示远离喧嚣的尘世，脱尘脱俗，长生不老。因此水仙喻仙寿，被赋予了长寿的含义：由各种花舟、竹、桃、灵芝、水仙等组成图案，寓意“群仙祝寿”；水仙跟天竹等图纹组合在一起寓意“天仙拱寿”；水仙跟灵芝搭配寓意“天仙寿芝”或“灵仙祝寿”，等等。水仙还与其他植物组合，共同构成中国传统吉祥的图案，表达吉祥寓意：吉祥图案“仙壶集庆”，是在花瓶中插上松枝、梅花和水仙，再配上灵芝与萝卜，寓意众人聚会，共庆吉祥；水仙同牡丹组合，共同构成“神仙富贵”的吉祥意象。

【诗情花语】

水仙花四首（其一）

宋·杨万里

韵绝香仍绝，花清月未清。

天仙不行地，且借水为名。

【赏析】

本诗虽仅有短短四句，但形神兼备，语言生动有趣，是杨万里“诚斋体”的代表之作。水仙高雅的风韵和芬芳的清香皆为绝品，其色泽与淡素清雅的月华相比，亦更胜一筹。后两句诗人运用了奇特的想象，将不着泥土的水仙比作幽香飘逸的天仙（道家以居天上的仙人为天仙，居人世得道的为地仙），犹如凌波仙子般盈盈于水面之上，是天仙托水而生，借水而称“水仙”。

诗句盛赞了水仙的风韵、香气和色泽，将水仙的独特之处展现得淋漓尽致，表达了诗人对水仙的喜爱之情。

杜鹃

先放东风一树花

杜鹃花在寒冬的冰雪没有完全消融的时候，映着白雪的晶莹傲然开放，独占东风。杜鹃花的到来也是在向大自然预示着春天的到来，所以她也是北国的报春花。杜鹃花被列入中国十大名花，与龙胆花、报春花同被誉为高原三大名花。

“杜”，形声字，从木，土声。本义为杜棠，一种木本植物。《说文·木部》载：“杜，甘棠也。”“鹃”，从鸟，肙声。本义为鸟名，即杜鹃。杜鹃又名郭公、杜宇、布谷、子规。杜鹃鸟与杜鹃花相关联。相传，杜鹃花开放之时，正是杜鹃鸟啼叫之日。那一声声啼唤悲切凄凉，直到叫得嘴吐鲜血，滴在花丛上，便化为杜鹃花，一丛丛，一片片，殷红欲燃。

杜鹃花，亦名山石榴、映山红，是一种常绿、半常绿或落叶灌木。因花色不同有春鹃、夏鹃、西鹃之分；其花红、紫、白、

《杜鹃》 赵云壑

黄等。盛开之时，群花竞发，漫山遍野，灿烂如锦，美不胜收。杜鹃花品种繁多，全世界约有800余种，而我国就独占650余种。它不仅是我国名花，还是尼泊尔王国的国花，在尼泊尔语中称杜鹃花为“拉里格拉斯”，象征美好、吉祥。

据说周代末年，杜宇在蜀国称帝为王，号“望帝”，他命一个叫鳖冷的大臣到巫山治水。后来鳖冷治水有功，望帝便“自以德薄”，禅位于鳖冷，号“开明”，而杜宇却“遂自亡去，化为子规”。这是《十三洲志》中关于杜鹃鸟的记载。西晋左太冲《蜀都赋》中曾云“鸟生杜宇之魂”，也提到了这一典故。然而，民间流传的故事则更加曲折感人——相传蜀王杜宇爱上了宰相开明的妻子，两人私下定情相通而不为国人所知。后来开明发现了这不轨的“王道”和“妇道”，便以“王德”逼迫杜宇禅位于他，而后又杀害了不守妇道的妻子。这样一来，可怜的杜宇既抛却了江山，又痛失了美女，忧愤而亡，其魂化为杜鹃，常于暮春之时飞于山间丛林，泣血苦啼。有花莫名，受其精血，遂成杜鹃花。这个凄艳绝伦的传说，使得杜鹃花、杜鹃鸟声名大振，唐代时杜鹃花被视为珍品。白居易在诗中说：“其间旦暮闻何物，杜鹃啼血猿哀鸣。”李白则花鸟俱诗：“蜀国曾闻子规鸟，宣城还见杜鹃花。”而李商隐更是直接以典入诗：“望帝春心托杜鹃。”此外，南唐诗人成彦雄咏道：“杜鹃花与鸟，怨艳两何赊。疑是口中血，滴成枝上花。”无论怎样，在历经了千百年之后，拥有“花中西施”艳称的杜鹃花已名列现代中国的十大名花之一。

杜鹃有思念伤感的柔情美

由于开花季节和花红似血天然的巧合，杜鹃花引发古人的无限想象。唐代大诗人李白在《宣城见杜鹃花》一诗中触景生情："蜀国曾闻子规鸟，宣城又见杜鹃花。一叫一回肠一断，三春三月忆三巴。"诗中生动地描绘了满山杜鹃花盛开、杜鹃鸟鸣叫的情景，表达了诗人对蜀中故地的回忆和眷恋以及无限的思乡情怀。南宋学者康与之在《满江红》中写道："镇日叮咛千百遍，只将一句频频说。道不如归去不如归，伤情切。"这首词借杜鹃千万遍"不如归去"的凄切啼声，表达了身居异地的游子怀念故乡而不能归去的悲切之情。唐吴融《送杜鹃花》、宋杨巽斋《杜鹃花》和真山民《杜鹃花》等诗都以杜鹃为喻，表达游子的思乡之情。唐司空图《漫书》诗中虽未写一句思家之情，却以"杜鹃不是故乡花"侧面烘托了诗人的思乡之情。

宋杨万里作《晓行道旁杜鹃花》："泣露啼红作么生，开时偏值杜鹃声。杜鹃口血能多少，恐是征人泪滴成。"诗人以杜鹃花开、杜鹃鸟啼渲染了战乱带来的凄凉之状。白居易作《武关南

《悠馥青鸟图》　陈兰卿

见元九题山石榴花见寄》：“往来同路不同时，前后相思两不知。行过关门三四里，榴花不见见君诗。”诗中以杜鹃花歌颂了作者与友人深厚的友情，道出了杜鹃花依旧而故人不再的伤感之情。

杜鹃有壮阔豪情的风姿美

历代著名诗人，以唐代诗人白居易对杜鹃花尤为钟爱，他在《山石榴花十二韵》中赞美杜鹃花“此时逢国色，何处觅天香”“好差青鸟使，封作百花王”，在《元八溪居》中又语“晚叶尚开红踯躅”。杜鹃花也因白居易的诗词《山石榴寄元九》而获得“花中西施”的美誉，诗曰：“闲折两枝持在手，细看不似人间有。花中此物是西施，芙蓉芍药皆嫫母。”

唐代杜牧有诗《山石榴》：“似火山榴映小山，繁中能薄艳中闲。一朵佳人玉钗上，只疑烧却翠云鬟。”诗中道尽了杜鹃花盛开于山间红艳似火的热烈之美。唐代施肩吾的《山石榴花》诗曰：“深色胭脂碎剪红，巧能攒合是天公。莫言无物堪相比，妖艳西施春驿中。”关于杜鹃花之美的吟咏不胜枚举，其中描写杜鹃花美得热烈壮阔是审美的主流。

杜鹃有壮烈庄严的神圣美。近现代，杜鹃花被誉为“革命之花”。毛岸青曾以《我爱韶山的红杜鹃》为题名，借咏湖南省韶山市的红杜鹃缅怀父亲毛泽东。文中写道“我们爱韶山的杜鹃像烈火，星星之火，可以燎原”，杜鹃花象征着轰轰烈烈的革命战争。“映山红”这三个字是对革命战争年代湘赣川等地曾经的一段烽烟岁月的生动描述。井冈山的红杜鹃，见证了一部厚重的革命历史，杜鹃花被赋予了一种壮烈庄严的神圣美。在中华人民共和国诞生之前的艰苦岁月中，广大人民将杜鹃花的不畏严寒霜雪、不怕土地贫瘠看作蓬勃顽强精神的代名词，视其为中华民族不屈不挠品格的象征，以杜鹃花蓬勃顽强的精神鼓舞斗志，给人们留下的既有江西帅开甲烈士“记取章江门外血，他年化作杜鹃红”的革命英雄气概，也有林伯渠“千山洒遍杜鹃血，一缕难招帝子魂”矢志革命的胸怀。现在，杜鹃花已成为崇高的、勇于为国为党牺牲自我的精神象征。电影《闪闪的红星》将漫山遍野的杜鹃花拟人化，把杜鹃花和红军紧密联系起来以烘托革命必将胜利的意境。许多烈士陵园或纪念园的周围都遍种杜鹃花，象征着今天的幸福生活是用烈士的鲜血换来的，象征着未来的生活红红火火，象征着红色革命种子遍地开花。

《杜鹃》　郭味蕖

【诗情花语】

初见杜鹃花

明·苏世让

际晓红蒸海上霞，石崖沙岸任攲斜。

杜鹃也报春消息，先放东风一树花。

【赏析】

这首诗刻画了作者第一次见到杜鹃花时留下的美好印象。咏杜鹃花诗作历来好在蜀帝、啼血上做文章，多写得凄楚动人。苏世让这首诗的特点就在于忠实地记录了他初见杜鹃花时的欣喜心情，这种心情之切，并不是因为他无知于杜鹃花的种种传说，而是力求摆脱这些传说的习见，写出自己的礼赞和感受，从这个意义上说，苏诗是成功的咏花之作。

中品

汉字花品

花中之友

珠兰

开遍珠兰香满室

明末清初的苏州，生活着一户甄姓人家。家中甄父外出谋生，留着妻子和两个儿子在家中种田。孩子们渐渐大了，母亲便让他们各自负责一块土地的种植，种什么可以自己做主。哥哥想：“只要我勤劳吃苦，加倍地付出时间在地里，庄稼自然会有个好收成。”另一边的弟弟则不管不顾，日子和往常一样混着过。一年之后，哥哥凭着自己的双手赚了不少钱，可弟弟呢，草盛豆苗稀，靠着母亲的接济生活，弟弟感到很惭愧。

于是，弟弟决定出去看看有没有其他发财的机会。他风餐露宿向南走着，途中他帮助了一位老爷爷，老爷爷便送他几株植物。他回家后便种在地头，植物开花后散发着如兰花般清幽的香气，枝头上挂着珍珠一样的圆粒，既好闻又好看。周围的人都慕名而来，问他这是什么植物，他便依植物的特点将其叫作“珠

《珠兰》　吴待秋

《珠兰》 居廉

兰”。他还把珠兰花制成茶叶，由于珠兰花茶既有兰花的幽雅芳香，又有绿茶的鲜爽甘美，大受欢迎。从此，他走上了发家致富的道路。《镜花缘》中司珠兰花的仙子是“女菩提”缁瑶钗。

“珠”，形声字，从王，朱声。《说文·王部》载：“珠，蚌之阴精。”本义为“蚌壳体内所生的珍珠”，蛤蚌因沙粒窜入壳内受到刺激而分泌的物质，将沙粒逐层包裹起来形成圆粒，俗称珍珠。

珠兰其实不是兰花，只因其花如珠，其香似兰，而得名珠兰，也称“珍珠兰”“真珠兰”。外形似珠的珠兰花颜色为黄色，看起来像粟米和鱼籽，故又名“金粟兰”和“鱼子兰”。其花序似鸡爪，又得名“鸡爪兰”。其花可熏茶，故又名“茶兰”。珠兰也是茶名，珠兰花茶是选用黄山毛峰、徽州烘青、老竹大方等优质绿茶作茶坯，混合窨制而成的花茶。珠兰花茶清香幽雅、鲜爽持久，是中国主要花茶品种之一。

珠兰是金粟兰科金粟兰属植物，多年生常绿草本或半灌木花卉。直立或稍伏地，高30～60厘米。茎为圆柱形，无毛，茎直立稍披散状，茎节明显，节上具分枝。叶对生，呈倒卵状椭圆形，边缘有钝齿，齿尖有一腺体；叶面光滑、浓绿，稍呈泡状皱起。穗状花序顶生，成圆锥花序式排列。花小，无花被，黄绿色，有浓郁的兰花香味，花期为每年8—10月。珠兰喜荫蔽和空气湿润的环境，忌强光直射；喜温暖，不耐寒；适合生于肥沃、疏松、富含腐殖质的微酸性沙质壤土或山泥中。

珠兰的花和根状茎可提取芳香油，鲜花极香，常用于熏茶叶。全株入药，治风湿疼痛、跌打损伤，根状茎捣烂可治疗疮。有毒，用时宜慎。

我国四大茶用香花是珠兰、茉莉花、白兰花和代代花。珠兰花茶在我国明代便已有出产，大量生产始于清代咸丰年间。清代陈淏子《花镜》有载："真珠兰……好清者，每取其珠兰花茶蕊，以焙茶叶甚妙。"珠兰花茶对花朵的挑选也有标准：鲜花需当日采摘，并要挑选花粒成熟、肥大，色泽鲜润、绿黄或金黄的花朵。珠兰花多于午后开放，如果适时进行窨茶，可以充分吸收花香，达到最佳的品质，所以珠兰花茶都在午后开始窨制。明末清初屈大均《赠香东》诗云："暇日每将黄熟拣，珠兰熏晒比兼金。"珠兰花茶具有生津止渴、助消化等功效，同时对风湿疼痛、跌打损伤及癫痫等疾病有很好的疗效。据《歙县志》记载："清道光，琳村肖氏在闽为官，返里后始栽珠兰，初为观赏，后以窨花。"在古时苏州，花农会走街串巷地叫卖每日新鲜采摘的珠兰花。

珠兰其姿优雅

珠兰枝叶碧绿柔嫩，姿态优雅，令人心旷神怡。清代姚燮在《珠兰》诗中写道："香粟佛天饭，蕊珠仙界衣。托名应自贵，含蕾再难微。"珠兰花的花蕊像珍珠但也不同于一般的珍珠，而是更加小巧玲珑的形状，可以用来制作仙境的服饰，衬托仙人的高贵和飘逸。清代诗人袁枚《珠兰》诗云："粒多迎手战，香远近闻无。"一串串如珍珠般的花朵，伸出欢迎的手仿佛在微微颤动，散发的浓烈的香气，近闻似无，而愈远愈香，即使将其放到室外，芳香也能透过帘子传进屋中。闻着珠兰花香，看着阵阵微风吹动枝条，珠兰花在诗人眼前俨然成为飘然如仙的风中弱女，娇弱中不失如仙的气质。

珠兰其味馥郁

珠兰是夏季香花之一，盛开时，叶绿花香，芬芳若兰。明末清初诗人彭孙贻《珠兰》诗曰："佩冷江皋寒正吐，绿残金谷坠逾香。"在寒冷的环境中，珠兰嫩绿的枝叶枯萎，金黄的花朵凋谢，但是珠兰花的香味却没有随之消失，反而越来越香。清代吴娟《望江南》词曰："江南好，十里芰荷风。雪藕冰桃凉彻骨，珠兰茉莉沁酥胸。"珠兰花和茉莉花的香气沁人心脾，令闻者心胸酥醉。清代词人陈素贞《蝶恋花》中有"开遍珠兰香满室"之句，更是直接地写出了珠兰花浓郁的香味可使整间屋子都充满香味的特点。清代李良年《催雪·珍珠兰》词曰："开也只如含蕊，趁月影、微黄黏清露。纹纱静掩，一珠蜂背，却教偷去。"珠兰花微黄的花蕊上露珠点点，尚未完全开放却引蜂前来，侧面衬托出珠兰花的馥郁香气。清代孙元衡《庭前树兰二株入夏两度盛开》诗云："清芬殊绝世，不与众芳同。香溢珠兰畹，黄先月桂丛。"更是写出了珠兰花不同于群芳的清丽芳香。

珠兰其品淡泊

珠兰花的花朵如米粒般大小，并不引人瞩目，不甚起眼地开放着，却能吐露出浓郁的香气。清代姚燮的《珠兰》诗赞："一春清素愿，消受露华霏。"在春天群芳齐放、姹紫嫣红之时，珠兰却追求"清白素雅"，只愿享受自然赐予的日精月华和霏微露水，憧憬一种清白、淡雅、宁静的生活。清代诗人袁枚《珠兰》诗云："谁把三湘草，穿成九曲珠。"三湘草指兰花，九曲珠指珠兰。诗人用屈原以兰自喻和孔子遇厄于陈、学穿九曲珠这两个典故，形象地指出那些如珍珠般的珠兰花朵，是由三湘草串连成的九曲珠。以兰自喻，是中国封建社会知识分子长期以来形成的孤芳自赏的心理沉淀，屈原常以香草兰蕙自喻高洁，显示了他不与奸佞同流合污的品格。诗人暗喻屈原的贤才和孔子的大度，描绘出珠兰清闲淡泊的品质。

《文珠兰》　仇传澄

【诗情花语】

珠兰

清·姚燮

香粟佛天饭，蕊珠仙界衣。

托名应自贵，含蕾再难微。

荡子甘心与，村娘愧发稀。

一春清素愿，消受露华霏。

【赏析】

珠兰花型小，色黄如粟米，因此也名金粟兰。珠兰花形似粟米，因其香可作为仙境的饭食，其花蕊如珠可做仙境的服饰，如此之花自然名贵；而珠兰的花苞也不同于一般的珍珠，形状小巧玲珑。浪迹天涯的游子看到珠兰便会想起遥远的家乡，村姑山妇的秀发稀疏，因不能佩戴娇巧的珠兰花而心生羞愧。

此诗采用侧面描写的手法，写出了珠兰的形、色和巧丽妩媚，但珠兰花却并不“自贵”而傲慢无礼。它只愿享受着自然赐予的日月精华和霏微露水，憧憬着清白、淡雅宁静的生活。

茉莉

列作人间第一香

唐代，苏州有一位叫真娘的名妓，来自长安，出身于书香门第。她从小聪慧、娇丽，擅长歌舞，工于琴棋，精于书画。为了逃避安史之乱，她随父母南逃，不料在路上与家人失散，流落苏州，被诱骗到山塘街乐云楼妓院。真娘才貌双全，很快便名噪一时，但她守身如玉，只卖艺不卖身。其时，苏州有一富家子弟叫王荫祥，爱上了真娘，想娶她为妻。可是真娘幼年时已由父母做主，有了婚配，于是婉言拒绝。王荫祥不达目的誓不罢休，用重金买通老鸨，想留宿于真娘处。在难以违抗的情况下，为保贞节，真娘悬梁自尽。王荫祥得知后，懊丧不已，悲痛至极。斥巨资厚葬真娘于虎丘，并刻碑纪念，栽花种树于墓上，人称“花冢”，并发誓永不再娶。文人雅士每过真娘墓，对绝代红颜不免怜香惜玉，纷纷题诗于墓上。传说茉莉花在真娘死前没有香味，

《茉莉》　黄士陵

死后其魂魄附于花上，从此茉莉花就带有了香味。《镜花缘》中司茉莉花的仙子是“珊瑚玦”邵红英，她亲切可人、聪明伶俐。

“茉莉”，形声字。“茉”，从艸，末声。“莉”，从艸，利声。“茉莉”为花名，是一种常绿灌木，故两字均从“艸”。“茉”，从末，“末”为末期、晚年，表示开花的时间晚，茉莉花一般在夏秋的傍晚开放，且花期较长，至晚秋仍开花不绝。“莉”，从利，“利”指当利、有好处。清代魏源《江南吟十首》之一有句：“春风玫瑰夏杜鹃，午夏茉莉早秋莲。”

茉莉原产于印度、伊朗、阿拉伯等地，在南北朝时期传入中国，距今已有1400多年历史。茉莉最初名为“末利”，晋代嵇含在《南方草木状》记载末利花：“胡人自西国移植于南海，南人怜其芳香，竞植之。”随着茉莉药用、食用价值的普泛及对其观赏认识的深入，茉莉成为宫廷盆景、玻璃器皿中的观赏植物，还可置于阳台和窗台之上，普及性大大提升。清代高士奇在《金鳌退食笔记》中记载：“五月进菖蒲、艾叶、茉莉、黄杨树盆景，六七月进茉莉、建兰及凤仙花五色斑斓置玻璃盘中。”茉莉花和佛教也有密切关系，笙龄在《茉莉花春秋》一文中记载：东汉永平十一年，印度高僧摄摩腾、竺法兰来到五台山传播佛教，域外的茉莉花也随之传入了五台山。佛经中也有关于茉莉花的记载，《大藏经》中云“昔者出游观，时与亲友俱，头上戴傅饰，耳著须鬘花”“耳有白环头戴鬘华”，此处“鬘花”“鬘华”皆为茉莉花。茉莉花香味浓郁，许多佛香即是用此花作为制香香料，很受僧人们的喜爱。宋代王十朋的《茉莉》诗曰：“茉莉名佳花亦佳，远从佛国到中华”，也说明了茉莉花与佛教的密切关系。

茉莉花又称“香魂”“莫利花”“抹厉”“木梨花”等，是木樨科素馨属直立或攀缘灌木，高可达3米。小枝圆柱形或稍压扁状，有时中空，疏被柔毛。叶对生，单叶，叶片纸质，呈圆形、椭圆形、卵状椭圆形或倒卵形，两端圆或钝，基部有时呈微心形。花期为5—8月，果期为7—9月。茉莉性喜温暖湿润，大多数品种畏寒、畏旱，不耐霜冻、湿涝和碱土，在通风良好、半阴的环境生长。茉莉花可做花茶饮用，可祛寒邪、助理郁，是春季饮茶之上品；茉莉花、叶和根都可入药，一般秋后挖根，切片晒干备用，夏秋采花，晒干备用。茉莉根用于治疗筋骨跌损、龋齿、头痛、失眠，对中枢神经系统有抑制作用；茉莉叶清热解表，用于治疗外感发热，腹泻；茉莉花用于下痢腹痛、目赤红肿、疮毒等症。

茉莉作为外来花卉，与中国本土栽培的众多花卉不同，其所蕴含的花文化与中国本土文化接触、冲突、融合，其内涵随着时间和环境的变化而不断地流动变化。茉莉花传入初期是作为佛教的香薰材料，在印度和佛教氛围浓厚的泰国等东南亚国家，一直有将茉莉花敬献给佛祖的风俗。但是，茉莉花来到中国后，逐渐

《茉莉》 钱瘦铁

淡出寺院用花，其作为佛教用花的风俗并未得到推广，但因其香气清新怡人、花色洁白、花型小巧，逐渐发展成为女性日常生活的装饰品。清代乾隆皇帝有诗云：“簪柰由来久”，清代诗人王士禄《茉莉花》诗曰：“香从清梦回时觉，花向美人头上开”，就是对茉莉花的簪花习俗最生动形象的描绘。茉莉也常常出现在节日庆典场合，被赋予了各种节庆寓意，具有丰富的民俗文化内涵。在南方，茉莉代表着团圆之喜，八月十五中秋节儿童手中拿着番塔灯，一边行走一边唱歌，素馨茉莉灯香气逼人，独具一格。在清代的潮州，茉莉寓意对来年的希冀与祝福，每逢元宵灯节，便有采茶灯游艺，采茶女们展示茉莉歌舞以庆祝元宵喜庆。当然，茉莉花也具有丰富的精神文化内涵，是文人墨客和广大民众的观念与价值的体现、理想与信仰的彰显。

《茉莉花》　宋·佚名

茉莉象征美人

茉莉花洁白无瑕的花瓣，加上翠绿的枝叶，似美人般亭亭玉立，冰清玉洁。因此，在文人笔下茉莉花被用来形容美人。唐代李世民曾作《茉莉》诗："冰姿素淡广寒女，雪魄轻盈姑射仙"，以茉莉的雪魄冰姿比喻仙界的嫦娥与姑射仙。宋代诗人胡寅《和彦冲茉莉二首》诗云："谪堕天仙子，生憎袨服妆"，把茉莉比作被贬入凡尘的仙人，"生憎"二字表明茉莉不仅有超尘脱俗的外表，还有丰富的感情，是具有灵性的。宋代诗人辛弃疾《小重山·茉莉》词曰："倩得薰风染绿衣。国香收不起，透冰肌。略开些子未多时。窗儿外，却早被人知。"美人的绿衣由春风染就，茉莉变身为散发着芳香的妙龄少女，使人们深深陶醉于她的美中。茉莉浓郁的花香也使人久久不能忘怀，清代诗人江价的《锦堂春·茉莉花》词曰："忽然风动疏帘起，一阵女儿香"，将茉莉香比为女儿香。唐朝的平康名妓赵鸾鸾作《檀口》诗："衔杯微动樱桃颗，咳唾轻飘茉莉香"，借茉莉花香写女子之美貌惊俗。

茉莉象征纯洁真挚的爱情

茉莉的洁与静常常和爱情联系在一起，用来表达爱情的忧伤和甜蜜。宋代词人周密作《夜合花·茉莉》："风透幕，月侵床。记梦回、粉艳争香。枕屏金络，钗梁绛楼，都是思量。"由花及人，当年"幽丛采玉，素手相将"的情人一同摘取茉莉花，指痕犹在，但是人已分别。此词表面在咏茉莉花，实际上是借茉莉花咏情人，歌咏与昔日情人相会的幽情，抒发分别的怅惘。清朝词人王屋的《踏莎行·赋茉莉花》词云："雅素非常，冰霜自许。水晶帘下闻私语。数将琼蕊嘱鸦鬟，莫教夜半郎先取。”词中陈述了爱情的甜蜜，描写了冰霜雅素的茉莉，以表达貌美女子相思之切和二人缠绵的情感。而明清俗曲《茉莉花》更是表现了青年男女对爱情的执着追求：“好一朵茉莉花，好一朵茉莉花，满园花开香也香不过它。我有心采一朵戴，看花的人儿要将我骂。”茉莉的白皙与清香共同象征了少女对纯洁爱情的追求，曲中塑造了一位萌动着爱情憧憬，有追求的冲动但受封建家庭阻挠的妙龄少女形象。

茉莉象征高洁质朴的品格

中国古代文人大多出身贫寒，注重内心价值，提倡正心修身，追求道德的自我完善，推崇气度节操。他们清高而不媚俗，追求宁静淡泊的人生境界。宋代诗人赵福元作《茉莉》：“刻玉雕琼作小葩，清姿元不受铅华”，以玉刻琼雕比喻茉莉之素洁高雅、冰肌玉骨，赞美其品性之纯朴。元代诗人江奎《茉莉》诗曰：“虽无艳态惊群目，幸有清香压九秋。应是仙娥宴归去，醉中掉下玉搔头。” 茉莉虽没有艳丽美貌惊人眼目，却自有清香飘逸冠于群芳之首，诗句赞美茉莉的高洁清雅，反映了中国传统文人高洁质朴的人格追求。清代初年文学家金圣叹因涉及“哭庙案”而入狱，便作《狱中见茉莉花》：“名花尔无玷，亦入此中来。误被童蒙拾，真辜雨露开。”茉莉纯白无玷污，仍被无知童蒙误拾狱中，感叹自己虽然入狱也并无污点，颇多时乖命蹇之叹，作者借花喻人，自伤身世。白茉莉的香气淡雅，花色洁白，容易让人联想起高洁出尘的品质，茉莉的美恰好与文人们的人格理想和审美情趣贴近。

【诗情花语】

茉莉花

清·王士禄

冰雪为容玉作胎，柔情合傍琐窗隈。

香从清梦回时觉，花向美人头上开。

【赏析】

诗人运用拟人的手法对茉莉花的颜色和姿态进行了描绘，“冰雪为容玉作胎”，冰雪和玉历来是诗人形容女子肌肤洁白的用语，在此处，茉莉花花色如雪如玉，恰如妙龄少女。“香从清梦回时觉”一句是描写茉莉花的睡态，也是描写美人的睡态，茉莉花的花香让人从梦中惊醒，“清”字是梦境之清淡，也是暗示茉莉花香清新可人。最后一句写茉莉花常被美人用于簪发，阵阵清香令美人清梦回醒，呼应前文，这里美人和花香、冰肌玉容和柔情蜜意好像都融为一体了，表现出诗人对茉莉花的极力赞美和喜爱。

《茉莉》 李鱓

瑞香

花气醉人浓胜酒

宋代《清异录》记载：有一个云游四方的僧人热衷于游览名山大川。一日，他行至庐山，但见层峦叠嶂，云雾缭绕。行至山腰，登上一峭壁处小憩，忽闻一阵香气催人入睡，于是他停下来找到一容身石坪，睡了起来。梦中僧人为浓郁的馨香陶醉，一觉醒来四处寻觅，终于在草丛中发现了一株绿叶笼罩、芳香袭人的小树。爱不释手之际，凭兴致为其命名“睡香”。之后，僧人将庐山所遇所见传与他人，一传十，十传百，众人纷纷登上庐山观赏此花，但见其四季不凋、芳香袭人，认为其为花中祥瑞，所以将“睡香”更名为瑞香。在《镜花缘》中，司瑞香花的仙子是“五彩虹”施艳春。

“瑞”，形声字，从玉，耑声。“瑞”的本义是玉制的符信、凭证。《说文·玉部》载：“以玉为信也。”现在多用来指祥

《瑞香》 张和菴

瑞或吉利的事物。

“香”，会意字，从黍（“黍”表谷物），从甘（“甘”表香甜美好）。本义指五谷的芳香，《说文·香部》载：“香，芳也。〈春秋传〉曰：‘黍稷馨香’。”现与“臭”相对，泛指好闻的气味。

瑞香历史悠久，屈原的《楚辞·九章·涉江》“露甲辛夷，死林薄兮”句中的“露甲”，便是瑞香最早的名称。“瑞香”一词最早见于宋代陶谷的《清异录》：“谓之花中祥瑞，遂名瑞香。”明代陈诗教的《灌园史》也有“花名露甲，至有庐山一事，始易今名耳”的说法，为《清异录》中瑞香作为花名的首次出现做了旁证。瑞香又名麝囊，明代程羽文《花小名》载：“瑞香曰麝囊。”清代汪灏《广群芳谱》载：“此花名麝囊，能损花，宜另种。”清代屈大均《广东新语》言：“乳源多白瑞香，冬月盛开如雪，名雪花”，将瑞香称为“雪花”。

瑞香是瑞香科，属常绿灌木，高1～2米，花期为每年3—5月，果期为7—8月，是我国传统名花。因其植株矮壮，树形自然而潇洒，故又称蓬莱花、风流树。单叶互生，质厚，长椭圆形；花蕾多为红色，开后大多为淡白色，花小而多，香气芳醇持久，花期可提早到春节期间。瑞香喜欢温暖、湿润、凉爽的气候环境，不耐严寒；忌暑热；喜弱光，忌烈日直射，适生于半阴地；喜质地疏松、排水良好的肥沃沙壤土，在黏重土及干旱贫瘠地生长不良。春秋两季都可进行移植，但以春季开花期或梅雨期移植为宜。成年树不耐移植，移植时务必尽量多带宿土，还要加以重剪。瑞香有药用价值，其根入药，有活血、散血、止痛的功效。明代李时珍《本草纲目》载：“瑞香根气味甘咸无毒，主治急喉风，用白花者研水灌之。”

瑞香的花语是祥瑞、吉利，因此备受文人墨客的喜爱，许多诗人写了大量吟咏瑞香的诗篇，宋代诗人王十朋《瑞香花》诗曰：“真是花中瑞，本朝名始闻。”宋代诗人曾端伯以十种花各题名目，称为“花中十友”，引苏轼《次韵曹子方龙山真觉院瑞香花》“骨香不自知，色浅意殊深”之句，以瑞香为殊友。宋代张敏叔以十二花为十二客，各赋诗一首，其中称瑞香为佳客。瑞香作为中国的名贵花卉，且常在早春开花，因此常被用于布置园林或点缀庭院，也被作为盆栽用来装点厅堂居室。每逢春节，瑞香花开，人们便将其作为插花的主要花卉，与山茶、梅花、迎春花等相配。清代《东阳县志》载：“瑞香花如丁香，因春天开花，次第千朵，俗名千头草，当地妇女常以线穿之，绕发髻外，称之为花髻。”可见瑞香花已经成为日常美妆用品，作为发饰被妇人簪戴。

瑞香之色，缤纷多彩

瑞香花的花色多种多样，主要有白、黄、红和紫几种颜色。宋人吕大防的《瑞香图序》中载：“瑞香，其木高才数尺，生山坡间，花如丁香，而有黄、紫二种。”明宣宗朱瞻基《瑞香花》诗注：“瑞香花，叶如织。其叶非一状，花开亦殊色。或如玛瑙之殷红，或如玉雪之姿容，或含浅绛或深紫。”说明到了明朝时，瑞香花已有殷红、雪白、浅绛、深紫和黄等颜色。而在瑞香花的众多花色里，文人们却偏爱紫色，在宋代诗人苏轼诗“幽香结浅紫”、陈造诗“紫囊拆兰麝”、范成大诗“紫紫青青云锦被”和杨万里诗“紫蓓蕾中香满襟”等句中都有体现。此外，宋人张翊在《花经》中评论紫瑞香为“紫风流一品九命”，瑞香“紫风流”的别名就是因其花色而得。除了单色之外，瑞香花也有一朵花上有几种颜色的性状。杨万里的《瑞香花新开五首》中“外著明霞绮，中裁淡玉纱”之句描绘的即是瑞香花外红紫内淡白的色彩特点。瑞香的名贵品种“金边瑞香”花朵表面为深绿色，叶背淡绿色、叶缘金黄色，艳压群芳，深得爱花者的喜爱。

瑞香之香，浓郁芬芳

瑞香之香，浓郁芬芳。瑞香原名“睡香”，又名“千里香”“夺香花”等，都突出“香”字，香气之浓郁是瑞香花最显著的特点。清人赵学敏在《本草纲目拾遗》中载：“乳源多白瑞香，冬月盛开如雪，名雪花。刈以为薪，杂山兰、芎䓖之属烧之，比屋皆香。”在广东乳源的山上有很多白瑞香，世人割之以为薪，并掺杂山兰、芎䓖之类的植物，烧之满屋生香。若杂瑞香

《瑞香》　佚名

于众花中，其他植物的花往往无香，当时人们认为香气俱被瑞香所夺，故又称瑞香为“夺香花”。宋代诗人范成大的《瑞香花》云：“酒恶休拈花蕊嗅，花气醉人酞胜酒。”美酒醉人，可瑞香花香比美酒更醉人，突出了瑞香花香的浓郁醉人。杨万里的《瑞香花新开》诗曰：“香中真上瑞，兰麝敢名家。”瑞香花香是香中祥瑞，即使是一向以香气闻名的兰花香气，在瑞香花香面前大概也不敢自诩了。诗中以兰花之香来衬托瑞香之香，更能凸显出瑞香花香的浓郁程度是何等的强。

瑞香之姿，优美潇洒

瑞香属常绿小灌木，叶子和桂花、冬青差不多而略细小。在万花凋零的冬日，瑞香便显得卓尔不群。瑞香株形优美，树冠圆形，条柔叶厚，枝干婆娑，花繁馨香，最适于林下路边、林间空地、庭院、假山岩石的阴面等处配植，日本的庭院中也经常种植瑞香，多将它修剪为球形，种于松柏之前供点缀之用。深绿的叶丛中，瑞香花恣意怒放，花开满枝，一团团、一簇簇，光艳夺目。宋代词人朱敦儒作《眼儿媚·席上瑞香》：“紫帔红襟艳争浓。光彩烁疏栊。香为小字，瑞为高姓，道骨仙风。　此花合向瑶池种，可惜未遭逢。阿环见了，羞回眼尾，愁聚眉丛。”瑞香花姿色动人，色泽明艳却不妖，一派道骨仙风，气质不凡，令四大美人之一的杨玉环见了都心生妒意，顿觉逊色，可见瑞香之美！

瑞香之韵，清绝高洁

苏轼有诗云："纫为楚臣佩，散落天女襟。""欲赠佳人非泛洧，好纫幽佩吊沉湘。"苏轼由个人经历联想到屈原《楚辞·离骚》中"扈江离与薜芷兮，纫秋兰以为佩"之句，瑞香古称"露甲"，屈原佩戴露甲花，表示自己虽远谪蛮荒之地，却葆有爱国济世之心不变的高洁品格，苏轼以此隐喻自己的抱负。杨万里《瑞香盛开呈周益公二首》（其二）诗曰："雪里寒香得三友，溪边梅与畹边兰。"瑞香于雪天开花，和梅花、兰花同为雪中三友。百花凋谢，唯此三种花凌寒开放，于一片白雪皑皑中更显遗世而独立，清冷绝美。苏轼的《西江月·真觉赏瑞香二首》中云："此花清绝更纤浓。把酒何人心动。"瑞香花比扬州的琼花更加清绝，比洛阳的牡丹更为纤浓，有汇众花之精、集群香之灵之势，词人于花下饮酒，如何能不沉醉于此！

《冬花篮》 李嵩（从左至右为水仙、绿萼梅、单瓣山茶、腊梅、瑞香花）

【诗情花语】

题瑞香花

明·陈淳

秾香折麝脐，细蕊秀鹤顶。

东风故飘荡，熏人醉不醒。

【赏析】

陈淳的这首五言绝句，寥寥数笔就勾勒出瑞香花姿容秀逸与芳香袭人的特点。

乍暖还寒的早春，瑞香花同迎春花和山茶花几乎同时盛开。此诗的前两句运用了两个比喻：诗人首先将瑞香花的香气比作名贵的香料和药材——麝香，展示了瑞香花的芬芳；其次又把瑞香花蕊比作仙鹤的顶冠，来衬托瑞香花的风姿绰约。后两句写在春风荡漾之际，瑞香花的香气随风自由地飘荡，令人闻之陶醉，长醉不醒，生动形象地说明瑞香花的花香袭人。

紫薇

谁道花红无百日

在民间有一个关于紫薇花的传说：在远古时代，有一种凶恶的野兽头大身小，身长十数尺，眼若铜铃，长有角，来去如风，名叫年。年生性凶残，因其嗥叫时会发出“年年”的声音，所以叫“年兽”。年凶猛异常，喜欢躲在深山密林中，也经常下山食人，人间的百姓苦不堪言。天庭知道了人间的灾难，玉帝派出“紫薇星”下凡除掉年兽。紫薇星将年兽锁入深山，一年只准它出来一次，也就是它每年只能下山作恶一次，并且出没的时间须在天黑之后。人间的百姓们便把这可怕的一夜视为关煞，称作“年关”，这一夜整晚不敢睡觉，就是现在的“守岁”。为了监管锁入深山的年兽，紫薇星化作紫薇花留在了人间，给人间带来平安和祥和。在《镜花缘》中，司紫薇花的仙子是第二十七名“一剪红”秦小春。

《紫薇》 齐白石

“紫”，形声字，从糸，此声。“糸”为细丝，多表示颜色，如红、绿、缟、绛等，“此”本义为踩、踏，指两种事物相互作用。“此”“糸”为“紫”，表示紫由两种颜色组合而成。紫是可见光中波长最短的一种在人眼中感知到的颜色。《说文·糸部》载：“紫，帛青赤色也。”蓝与红混合可形成紫色。

“薇”，形声字，从艸，微声。《文心雕龙》载：“薇，菜也。”现指落叶小乔木，开紫红色或白色的紫薇花。明代王世懋在《学圃余疏》中指出：“紫薇有四种：红、淡红、紫、白，紫却是正色。”虽然紫薇花有各种各样的颜色，但是紫色才是正色的看法以及中国人“以紫为贵”的传统欣赏习惯，使得人们还是将其统称为“紫薇”。东晋王嘉所著的《拾遗记》最早记载“紫薇”一词，书中记载在1600年前，一些带刺的篙属灌木遍布于花园和田间，狐狸和兔子泛滥成灾。人们认为这是有人触怒了紫薇星所带来的后果，如果不改变这种情况，洛阳就会被毁。于是皇帝下令全国范围内的花园、田间都要栽植紫薇。中国现存的第一部花卉总汇《全芳备祖》将紫薇称誉为“花中之圣”，曰：“紫薇名盛，似得花之圣！”清代汪灏在《广群芳谱》中称赞紫薇花：“一枝数颖，一颖数花，每微风至，妖娇颤动，舞燕惊鸿，未足为喻。”

紫薇属于千屈菜科，紫薇属。高可达7米。树皮平滑，灰色或灰褐色。枝干多扭曲，小枝纤细。幼时绿色至黄色，成熟时或干燥时呈紫黑色。紫薇树姿优美，树干光滑洁净，花色艳丽。开花时正当夏秋少花时节，花期为每年6—9月，故有“百日红”之称。紫薇喜暖湿气候，喜光，略耐阴，喜肥，尤喜深厚肥沃的砂质土壤，好生于略有湿气之地，亦耐干旱，忌涝，忌种在地下水位高的低湿地方，性喜温暖，而能抗寒。其树根和树皮入药，能清热利湿、解毒消肿、凉血活血，可治血滞、经闭和皮肤痒疹。

《紫薇蝴蝶》 陈兰卿

根可治痈疽肿毒、牙痛、痢疾、湿疹、创伤出血等；树枝可治百日咳。

紫薇盛开于少花的夏季，开花时不同于桃李的朝开暮落，而是自夏至秋，烂漫数月，明代杨慎有诗《百日红》："李径桃蹊与杏丛，春来二十四方风。朝开暮落浑堪惜，何似雕阑百日红。"文人墨客惊喜于紫薇的独特，而对其不遗余力地称赞。南宋诗人杨万里有《紫薇花》诗："谁道花红无百日，紫薇长放半年花。"紫薇"百日红"的别名由此而来，紫薇不与桃李争春、青春常在的品格也成为诗人们吟咏的对象。明朝诗人薛惠的《紫薇》诗曰："紫薇开最久，烂漫十旬期。夏日逾秋序，新花续故枝。"赞扬了紫薇不与群花争春、一枝独秀的品格。

紫薇在我国有千余年的栽培历史，有着丰厚的文化积淀。俗话说："天上紫微星，地下紫薇树。"我国古人将天空划分为紫禁垣、太微垣、天市垣三个星区，紫禁垣居中，太微垣、天市垣分居两旁。紫禁垣的核心便是紫微星。从星相学来说，紫微星是北斗星系的主星，被称为"万星之主"，代表着至高无上的权威。自汉代开始，紫微被用来专指皇宫。紫薇花名与"紫微"音同，字形相近，"紫微"和"紫薇"也就混合互用，也官也花，也花也官。相传三国时期，诸葛亮隐居隆中，其庭院内就栽种着两株紫薇。古代读书人喜欢在寓所种植紫薇，因为宰相是穿紫袍的，读书人希望能博取功名，紫袍加身。紫薇和封建体制下的“官”文化关系密切，古代文人们怀着修身、齐家、治国、平天下的千古大志，十年寒窗苦读，只为一朝能步入仕途，实现个人抱负。

紫薇代表着尊贵

在我国古代，紫色代表尊贵是从隋唐开始的。唐朝规定，亲王和三品以上的官员要穿紫色官服。人们常说“红得发紫”，是形容一个人走红或受重视达到了极致的程度。

唐代诗人白居易曾作《值中书省》：“丝纶阁下文章静，钟鼓楼中刻漏长。独坐黄昏谁是伴？紫薇花对紫微郎。”此诗中，诗人用紫微郎自称，将紫薇花看作紫微郎，展示了紫薇与封建“官”文化之间的紧密联系。紫薇花也被称为“官样花”，成为尊贵的化身，南宋诗人陆游在《紫薇》诗中就发出了“钟鼓楼前官样花，谁令流落到天涯”的感慨。而紫薇花的颜色与古代官员结于腰间的绶带相似，因此也被叫作“紫绶花”。根据《新唐书》记载：“开元元年，改中书省曰紫微省，中书令曰紫微令。”“紫微省”立名后，紫薇花也被移植其中，入住皇宫，后普遍栽植于皇宫和官邸，唐代诗人韩偓诗句“职在内庭宫阙下，厅前皆种紫薇花”也可证明这一点。南宋诗人王十朋尚未成名时曾写下“自惭终日对，不是紫微郎”的诗句，北宋陶弼也曾云：“人言清禁紫微郎，草诏紫薇花影旁。山木不知官况别，也随红日上东廊。”以紫为贵的封建“官”文化反映着传统的尊贵理念，经过了几千年的积淀以后，在人们的内心深处已经定格。

紫薇象征着沉默的爱情

有一个传说：很久以前，在天宫中住着一位风度翩翩、长相俊美的王子。天宫中所有的仙女都倾心于他，也包括平凡的紫薇仙子。可是紫薇仙子因为自己的平凡而自卑，觉得自己配不上王子，于是就将对王子的爱默默地放在心上，不像其他仙女那样整天围绕在王子的身边。终于有一次，王子路过了紫薇仙子的紫薇园，紫薇仙子很开心，很想上前去和王子交谈，可是她却紧张得不知该说什么好，看着王子远走的背影，紫薇仙子心里很失落。伤心的紫薇仙子不自觉地跟随着王子的步伐，突然，她看见牡丹仙子出现在王子的身边，原来王子和牡丹仙子早已互相倾慕，相互约定好到这里相会。看着美丽的牡丹仙子，紫薇仙子心里既有欢喜，又有苦涩和无奈，因为只要看见王子是幸福的她就感到开心，但王子的这份幸福不是由自己给予的，所以她又感到苦涩和无奈。当紫薇仙子发现得不到王子的爱时，选择了"成人之美"这样一种喜爱的方式。今天，有些人虽然得不到爱情，但得到友情，这也是一个明智的选择。

紫薇象征着坚韧顽强

在明媚适宜的春光里，百花争奇斗艳，但紫薇却不与百花争春，而是盛开在酷暑炎炎的夏季直至秋末，宋代诗人程俱《秋华无几尚有紫薇相对里巷间》诗云："荣木事已休，重阴阏深苍。尚有紫薇花，亭亭表秋芳。"在秋天，群芳不再盛开，化作春泥，独有紫薇在幽草间悄然开放，散发幽香，装点秋色。宋代诗人杨万里曾作《紫薇花》诗云："似痴如醉弱还佳，露压风欺分外斜。谁道花红无百日，紫薇长放半年花。"紫薇花在盛开即将转而零落之时，依然别有风韵；枝条被风吹雨打呈现出弱不禁风之势，却仍然开而不败。诗句写出了紫薇花看似柔软实则坚韧的特点。紫薇对生活环境也有着较强的适应能力，对周围的生长环境要求并不高，只要有一丝光亮，便会露出难掩的生机与活力。但是如果长期处于密林浓荫之下，见不到阳光，紫薇也断然不会开花。

《紫薇》 蒲华

【诗情花语】

紫薇花

唐·杜牧

晓迎秋露一枝新，不占园中最上春。

桃李无言又何在，向风偏笑艳阳人。

【赏析】

紫薇花在春日正好、百花园里姹紫嫣红的时候选择退让，反而在深秋的早晨迎着秋露开出一枝枝新花。一个“迎”字点出了紫薇花不怕秋寒的态度，一个“新”字表现出花依旧十分娇艳的姿态。“桃李无言又何在”引用“桃李无言，下自成蹊”的典故，大好春色中盛开的桃李，在秋后实际已无人问津了。而紫薇花迎着秋风，笑对那些在大好春光中争奇斗艳的花朵，正好似诗人淡泊名利、不参与社会中的蝇营狗苟之事的品格，此处使用了拟人手法。

诗人从紫薇花的外形入笔，通过典故的运用以及拟人手法的使用，赞美了紫薇花的外形以及品格之美，也表达了诗人对社会的批判以及自己对人生的看法，意味深长。

山茶

春归正值花盛时

民间有一个传说，吴三桂驻守云南时要求云南各地献奇花异草。陆凉县的普济寺有一株山茶花，浓香四溢，为天下珍品，陆凉县令就强迫寺旁居民挖茶树。一天夜里，村里的一位老人看见一位手里捧着山茶花的姑娘，姑娘对他说："让那县令送我去吴三桂那里吧，我自有办法对付他们。"老人醒来后发现这是一个梦。第二天他便将梦告诉村民，大家决定把山茶花送走。

山茶树被送到吴三桂的阿香园后，叶子就全部脱光了。之后每年的春天山茶树不是长了一身叶、没有开花，就是只开了几朵弱小的花，气得吴三桂用鞭子抽打其三次，并要治罪花匠。山茶花仙子来到吴三桂梦中，并吟唱道："三桂三桂，休得沉醉。不怨花王，怨你昏愦。我本民女，不求富贵，只想回乡，度我穷岁。"吴三桂举起宝剑，向山茶花仙子砍去，却砍下了一颗血淋

《山茶》　齐白石

淋的龙头。之后吴三桂无奈将山茶树送回陆凉。

茶树回乡，村里男女老少都出来迎接，流下了激动的眼泪。这夜，村民们都做了一个相同的梦。梦中，茶花仙子对大家说："与敌人做斗争，要耐心，我虽伤痕累累，但我回来了，我是胜利者。"从此，在云南都称山茶花为胜利花，山茶花开，显示了人们战斗胜利的喜悦。

"山"，象形字。"山"的形状像山峰并立之状，本义为地面上土石构成的隆起部分。《说文·山部》载："山，有石有高。"清代王筠《句读》曰："无石曰丘，有石曰山。"山与丘的区别在于是否有石头。

"茶"，形声字，从艸，余（涂）声。《说文·艸部》载："荼，苦荼也。"荼的本义为一种苦药。唐代以前，"荼""茶"二字通用，唐代中期陆羽《茶经》刊印之后，"茶"字便广泛流行起来，从此"荼""茶"两字分用。

"山茶"，是山茶科的一种灌木，有披针形的叶和芳香的白花。明代李时珍在《本草纲目》中记载："山茶，其叶类茗，又可作饮，故得茶名。"后魏元欣的《魏王花木志》载："山茶，似海石榴，出桂州。"唐代的段成式在笔记《酉阳杂俎》中也有"山茶，似海石榴，出桂州，蜀地亦有"的记载，并对山茶花进行了更详细的描述："山茶叶似茶树，高者丈余，花大盈寸，色如绯，十二月开。"宋代张翊在《花经》沿用古代官衔"九品九命"的等级品评，将山茶花列为"七品三命"的观赏等级。

山茶是山茶科山茶属的灌木或常绿小乔木，嫩枝无毛。叶革质，椭圆形，先端略尖，或急短尖而有钝尖头，上面深绿色，干后发亮，无毛，下面浅绿色，无毛，边缘有细锯齿。花大多数为红色或淡红色，亦有白色、黄色，花瓣为碗形，分单瓣或重瓣，单瓣茶花多为原始花种，重瓣茶花的花瓣可多达60片。山茶喜欢

《山茶》 齐白石

温暖、湿润的环境。花期较长，从10月到翌年5月都有开放，盛花期通常在1—3月。山茶可作园林花木观赏，其种子几乎都含有丰富的不饱和脂肪酸，是重要的油料植物。山茶花也具有很高的药用价值，有止血、凉血、调胃、理气、散瘀、消肿等疗效，但在采花加工时，应注意需在春分至谷雨季节花朵含苞待放时采摘。

山茶是我国十大传统名花之一，和迎春、梅花、水仙并称为“花中四友”。其花常于严冬中盛开，被誉为“十德之花”。山茶花又名“山茶”“茶花”“玉茗”“耐冬”“曼陀罗”等，明代王象晋在《二如亭群芳谱》中记载：“山茶一名曼陀罗。”但事实上山茶花并不是曼陀罗花，现今的曼陀罗花是指茄科野生直立木质一年生草本植物。不过山茶和曼陀罗花也有一定的关系，在佛经中有一词“曼荼罗”，是佛家讲经说法的坛场，而在“坛场”前面栽植着大量的山茶花。宋代苏轼在描写开元寺的山茶花时就有“久陪方丈曼陀雨”的诗句，也佐证了这一说法。

山茶与梅花不同，宋代曾季狸有诗句：“唯有山茶殊耐久，独能深月占春风。”山茶花开放在寒冷的冬季，相比凌寒独自开放的梅花，山茶花不畏严寒，在冰雪中开得格外美艳和夺目，有傲梅风骨；山茶花“花繁艳红，深夺晓霞”，花朵似晓霞一般艳丽繁杂，又凌牡丹之鲜艳。自古以来，山茶花深受文人墨客的喜爱，宋代曾巩在《山茶花》诗中说“为怜劲意似松柏，欲搴更惜长依依”，称赞山茶花“劲意似松柏”而不忍折摘。杨万里在《山茶》中夸赞：“春早横招桃李妒，岁寒不受雪霜侵。”山茶花常常和梅花搭配，共同表达不畏严寒、敢与霜雪斗争的精神。白色的山茶与水仙一起，表示纯洁无瑕、一尘不染的境界。山茶花还与绶带鸟组合成“春光长寿”的吉祥图：山茶花代表春光，寓意春深似海、生机勃勃；绶带鸟的“绶”与“寿”字谐音，寓意长寿。

《山茶蜜蜂》　齐白石

山茶有坚韧持久的毅力

在千里冰封万里雪飘的隆冬时节，山茶枝叶青翠，满树红花摇曳，气傲霜雪，因此又名“耐冬”。山茶从10月至翌年3月都可以开花，花期长达半年时间，是花卉中少有的开放时间和花期都如此持久坚韧的种类。宋代曾巩《山茶花》诗云：“山花山开春未归，春归正值花盛时。苍然老树昔谁种，照耀万朵红相围。”山茶花盛开的时候春天还没有到来，受寒冷环境的制约，许多花朵都枯萎了，唯有山茶花忍耐着寒冷的天气坚持盛放，用硕大的红色花朵给人们带来生意盎然的温暖感觉，展示出了坚韧的品性。宋代陆游有《山茶一树自冬至清明后著花不已》诗：“东园三日雨兼风，桃李飘零扫地空。惟有山茶偏耐久，绿丛又放数枝红。”数日来又是下雨又是刮风，东园里的桃花和李花遭遇风吹雨打，已是枝头空空。唯有山茶最耐久，忍受着风雨的拍打，几朵鲜艳的红花仍然绽放在翠绿色的枝头上。这首诗以清丽的语言将桃花、李花与山茶花进行了对比，用只能在春天盛开、可是一遇风雨便四散飘落的桃花、李花衬托出山茶“偏耐久”的可贵品格。

山茶有谦虚无争的胸怀

山茶花是谦虚的花朵，它不在风和日丽的春天与百花争奇斗艳，而是忍受着寒冬持续地盛开着，就连在凋谢时也不同于其他花卉整朵掉落，而是花瓣一片片慢慢地掉落下来。明代云南著名的诗僧担当和尚有《山茶花》诗：“冷艳争春喜烂然，山茶按谱甲于滇。树头万朵齐吞火，残雪烧红半个天。”山茶花盛放如火，在白雪的映衬下仿佛烧红了半边天，如此美丽的它却不与其他花卉争春，而是自己尽情地盛放着。南宋时期刘克庄作《山茶》，其中有句："性晚每经寒始拆，色深却爱日微烘。人言此树尤难养，暮溉晨浇自课僮。"山茶开在岁末寒冷的时候，明代归有光云其"岁寒无后凋，亦自当春风"，即岁寒年末时开放的花没有比它更晚凋谢的，它也是凌寒迎春开放得最早的，比松柏更加坚韧。世人因为山茶花的艳丽坚韧而存在着山茶花难养的偏见，诗人认为只要交代家童日夜浇水即可，侧面写出了山茶简朴易养、与世无争的特点。

山茶有高洁的品格

元代诗人朱德润《白茶》诗云："清香不自媚，迥出山谷底。盈盈双玉环，婉立庭户里。"山茶清香优雅，处于山谷之中，自尊自爱不自媚，显示了其高洁的品格。宋代诗人俞国宝作《山茶花》诗："花近东溪居士家，好携樽酒款携茶。玉皇收拾还天上，便恐筠阳无此花。"山茶花种植在清幽的明山秀水之间，临清溪而伴幽人，塑造了山茶花不理凡尘、超凡若仙的形象，赞美了山茶的奇姿和高洁。宋代杨万里《山茶》诗云："春早横招桃李妒，岁寒不受雪霜侵。题诗毕竟输坡老，叶厚有棱花色深。"山茶因花开得早而受到桃李的妒忌，在岁寒时节遭受霜雪的摧残，但山茶因为叶厚、有棱、花色深而使自己保持着色浓香重的秉性，不曾屈服，保持着高尚纯洁的品格。

《山茶花》　齐白石

【诗情花语】

山茶花

宋・王十朋

莺声老矣移虽晚，鹤顶丹时看始佳。

雨叶鳞鳞成小盖，春枝艳艳首群花。

【赏析】

在黄莺啼叫时才将山茶花移植，虽然有些晚了，但是就像丹顶鹤幼时鹤顶不红、长大才红一样，在山茶花含苞待放的时候，才是最好的赏花时机。山茶花的叶芽儿在夏季雨时渐次抽成，长大成叶，到第二年的二、三月份还开着花，并成为群花之首。

这首诗写出了诗人所移栽的山茶花枝繁叶茂的长势，诗中并不着意写山茶花朵是如何盛放的，而另辟蹊径写移栽之时尚未开放，需养护蓄芳以待来春。并以丹顶鹤头顶之红作喻，写出了山茶花别具风采之处。

碧桃

开到碧桃知是春

相传在落英缤纷的桃花源中有一种色血红、花瓣开了一层又一层的桃花，名叫碧桃花。碧桃花之所以名为此，是因为一位名叫陈碧的年轻人。传说桃花源的洞门原来是敞开着的，大家都可以去桃花源游玩。当时的中丞相郭公试图独占桃花源，惹怒了天上的神仙。神仙一怒之下就调来一块巨石将桃花源的洞口封住，从此所有人都不能再进桃花源去了。陈碧知道了这件事后，决心要把堵住洞门的石头凿开。他是穷人家的孩子，年龄小力气弱，怎么可能凭一己之力凿开洞门呢？他苦思冥想，决定先提高自己的本领，于是踏上了学艺的征程。他先后和毛驴、老虎以及一位老人学习，学成之后继续凿洞，一年又一年，绯红的桃花开了十次，洞门还是没有被凿开。他锲而不舍地凿呀凿呀，双手冒出一滴滴鲜红的血，那鲜血被他顺手一甩，沾到桃树枝头上变成了一个个小花苞，开出了像牡丹一样的花朵。流尽了最后一滴血的陈碧也化身为桃林里的一棵桃树，被人们称为碧桃树。在《镜花缘》中，司碧桃花的仙子为“鹦鹉舌”燕紫琼。

“碧”，形声字，从王从石，白声。《说文·玉部》载：“碧，石之青美者。”本义是指青绿色的玉石，也泛指青绿色。

“桃”，形声字，从木，兆声。《说文·木部》载：“桃，果也。”本义为桃树。《诗经·周南·桃夭》云：“桃之夭夭，灼灼其华。”碧桃，花多半重瓣或重瓣，其和普通桃花的区别在于普通桃花是单瓣的，主要功能是结果实；而碧桃是重瓣品种，属于观赏花卉。明代王世懋曾言：“桃花种最多，其可供玩者莫如碧桃、人面桃两种。”传说因碧桃生于西王母碧池畔，碧桃便也具有了仙桃的含义。鬼谷先生所著《关令尹喜内传》中记载：

《碧桃》 江寒汀

“喜从老子西游，省太真王母，共食碧桃。”唐代诗人高蟾《下第后上永崇高侍郎》诗云：“天上碧桃和露种，日边红杏倚云栽。芙蓉生在秋江上，不向东风怨未开。”诗中即引用了尹喜的典故。《庄子·外物》载：“苌弘死于蜀，藏其血，三年而化为碧。”苌弘是周王朝有名的贤良之臣，传说他无罪被杀，死于蜀国，有人将他的血用匣子藏起来。三年之后，血变成了青绿色的美玉。此为“苌弘化碧”的典故。碧桃深得世人的喜爱，宋代张翊的《花经》将其列于三品七命。

碧桃又名千叶桃花，是蔷薇科桃属落叶小乔木。高可达8米，一般修剪后可控制在3～4米。枝条多直立生长，小枝细长，嫩枝绿色或带红色，以后转为红褐色。花单生或两朵生于叶腋，先于叶开放。花有单瓣、半重瓣和重瓣，花瓣长圆状椭圆形至宽倒卵形，花色有白、粉红、红和红白相间等色。春季花先于叶或与叶同时开放。果实形状和大小均有变异，呈卵形、宽椭圆形或扁圆形，色泽变化由淡绿色至橙黄色，常在向阳面具红晕。花期为每年3—4月，果成熟期因品种而异，通常为每年8—9月。有些品种只开花而不结果实。碧桃性喜阳光，耐旱，不耐潮湿的环境。喜欢气候温暖的环境，耐寒性好，不喜积水。碧桃树干上分泌的胶质，俗称桃胶，可用作粘接剂等，为一种聚糖类物质，水解能生成阿拉伯糖、半乳糖、木糖、鼠李糖、葡萄糖醛酸等，可食用，也供药用，有破血、和血、益气之效。

碧桃有粉碧桃、红碧桃、白碧桃、撒金碧挑等诸多品种。中国是桃花的故乡，已有3000多年的栽培历史。桃本只结果，供人食用。经先民们的努力，桃花同时具有食用和观赏的双重价值，产生了碧桃这一供观赏的桃品种，并在文人墨客的笔下成为具有特色的、鲜明的文化符号。碧桃也以染铜为叶、染牙为花瓣，周围衬以染石山子和水晶海棠花、乳白色玻璃茶花、铜片小草等制成盆景，寓意“春光长寿”，清代南方盆景就多用此式样。碧桃花也被称为“神仙花”，牡丹花代表富贵，寿石寓意长寿，因此三者被画在一起，寓意“富贵神仙”。

碧桃如娇艳的美人

碧桃花美艳娇，灿烂妩媚，宋代诗人陈与义《窦园醉中前后五绝句》诗云：“三月碧桃惊动人，满园光景一时新。”三月里盛开的碧桃花美得令人惊叹，满园的景色因之焕然一新。诗人虽未特意描述碧桃花色泽形态的美丽，但却打开了读者脑海中想象的大门。北宋词人秦观《虞美人》词曰：“碧桃天上栽和露，不是凡花数。”碧桃花来自天上的宫殿，是和着天上的露水栽种的，本就是珍贵稀少之物，它明艳动人，娇艳之态可艳压群芳，胜过世间的朵朵凡花。唐代诗人杨凭《千叶桃花》诗云：“千叶桃花胜百花，孤荣春晚驻年华。若教避俗秦人见，知向河源旧侣夸。”晚春时节，群芳凋谢，唯有碧桃一枝独秀，留住了春天的美好。它不仅胜过世间百花，也胜过仙境中的桃花，避难在桃花源的秦人见了也会向老朋友夸奖碧桃花的美丽。

《碧桃扇面》　赵之谦

碧桃如极乐的仙境

古代有碧桃花来自王母碧池旁的说法，唐代诗人鲍溶《怀仙二首》诗云：“曾见周灵王太子，碧桃花下自吹笙。”诗中描写了自得其乐的仙界生活，周灵王太子子乔喜爱吹笙，后随道士入山学道成仙。仙人在仙境，自是在碧桃花树下。宋代诗人方回《碧桃花》诗云：“一种玄都旧种花，谁将缟雪换蒸霞。群仙醉啖瑶池果，况核曾封白玉砂。”“玄都”指神话传说中神仙居住的地方，碧桃便是来自仙境的花。宋代诗人何应龙《碧桃》诗云：“玉仙同驾玉鸾飞，天上曾攀带露枝。一片不知何处落，晓来流到涌金池。”被仙女从天宫带下凡间的碧桃花，枝叶上还带有露珠。掉落的那一片花瓣不知道去了哪里，第二天醒来发现它飘落到涌金池去了。碧桃作为来自仙境之花，使人一见便联想到了仙境。

碧桃如和煦的春色

在中国传统文化中，碧桃花和凤雏等组成图样，寓意“春光无限好，长留在人间”。唐代杜甫《奉和贾至舍人早朝大明宫》诗云：“五夜漏声催晓箭，九重春色醉仙桃。”五更时分，漏壶滴水的声音催促着拂晓的来临。皇宫院内春色烂漫，碧桃花红艳醉人。清代诗人袁枚《题桃树》诗曰：“二月春归风雨天，碧桃花下感流年。残红尚有三千树，不及初开一朵鲜。”农历二月又是一年春天，春风春雨也随之而至，诗人在碧桃树下感叹时光飞逝：三千树的碧桃花凋零之景也不如碧桃花初开第一朵时鲜艳明丽！诗人借碧桃花表达怜花惜春之情，碧桃花便是二月春归的象征。

《碧桃》 赵之谦

【诗情花语】

碧桃

元·杨载

一枝如玉照芳春，几度凭阑欲殢人。

翠被夜寒愁洒泪，珠帘月冷怕伤神。

刘郎陌上栽仍旧，王母池边赏又新。

不是梨花飘雪树，望中清绝更无伦。

【赏析】

一枝碧桃如碧玉般映照着花香弥漫的春天，诗人数次依栏而站，被眼前的春日美景深深地吸引着。翠绿的碧桃树叶在寒夜中愁苦洒泪，隔着珠帘的月亮显得冷冽，观之怕伤神。刘禹锡当年栽种的碧桃仍在，在王母池边赏花也别有一番新意。碧桃花不像梨花盛开如雪，却也展示着清幽与洁净的气质。

在首联和颔联中，诗人通过对一枝碧桃的欣赏写出了碧桃花的神韵，一语双关，流露出自己复杂而又凄冷忧愁的心绪。颈联与尾联借用典故夸奖碧桃花无与伦比的美丽和超凡脱俗的气质，表达了诗人对碧桃花的喜爱和赞赏。

玫瑰

秾艳尽怜胜彩绘

玫瑰，有香有色，刺大扎手。《红楼梦》里的探春“有才，德非全美”，却是“一个有立场、能战斗的正统主义者”，她与玫瑰可谓花姿人品两两相映。晚清文人姚燮认为探春作为贾府小姐，绰号“玫瑰”，其实是“恰有深意，不独色香刺也”。第五十五回中探春以姑娘之尊、贾母之爱，以王夫人之托付，以凤姐之未谢事，暂理家政数月。不意奸奴蜂起，内外欺侮，锱铢小事，突动风波，赵姨娘辱亲女，刁奴才欺幼主。探春左支右绌，撑前达后，好不艰难，但却获得姚燮的好评，称探春在议事厅上侃侃而谈，既无支离，亦无畏缩，“裙钗中具此隽异，不枉称玫瑰花儿”。

探春不愧是一朵“带刺儿”的“玫瑰花儿”。她精明强干，见识超人。探春在“秋爽斋偶结海棠社”中表现出高雅的志趣爱

《玫瑰》　容大块

好和卓越的组织才能，她在起社的书简中就说："孰谓莲社之雄才，独许须眉；直以东山之雅会，让余脂粉。"口气之豪壮，颇有不让须眉的气魄。论作诗的才华，她虽然不比黛玉、宝钗，但在贾府姊妹中她又是佼佼者。她在理家时所表现出的精明决断，又是黛玉、宝钗所不及的。王熙凤也是大观园中最具有理家才能的妇女，而探春精细处不让凤姐，又知书识字，尤其是能够敏锐地洞察到贾府的诸多弊端并着手予以解决，这又是她高于凤姐的地方。这就不难理解清末王伯坑评探春时所说的"方知玫瑰花原来有刺"之意。

"玫"，形声字，从玉，文声。"玉"为温润而有光泽的石头，"文"的甲骨文为手持木棒敲击之形，会意为加工。"玉""文"为"玫"，意为经过精细加工的美玉。《说文·玉部》载："玫，火齐，玫瑰也。""玫"指玫瑰，本义为美玉名，又名火齐珠。

《玫瑰》 佚名

“瑰”，形声字，从玉，鬼声，本义为美玉、美石。《说文·玉部》载：“瑰，玫瑰也，从玉，鬼声，一曰圆好。”司马相如《子虚赋》中有“其石则赤玉玫瑰”之句，“师古曰：火齐珠，今南方之出火珠。又琼瑰，石次玉”，颜师古批注：“玫瑰，美玉名也……或曰，珠之尤精者曰玫瑰。”据《异物志》载：“火齐珠者，状如云母，色如紫玉，光耀如烛，散若蝉羽，积如冰洁。”从字源看，玫瑰首先指美玉，其次指如美玉般的植物。西汉《西京杂记》中就有“乐游苑自生玫瑰”的记载，魏源在《江南吟》之一中写道：“春风玫瑰夏杜鹃，午夏茉莉早秋莲。”

玫瑰，属蔷薇科，为落叶灌木，高可达2米左右，茎上密生细刺，叶椭圆形或椭圆状倒卵形，花单生或数朵聚生，多为紫色。枝条粗壮，叶面油亮，夏季开花。盛开之时，叶花交辉，鲜丽多姿，并且其香浓烈，是形、色、香兼具的花卉之一。玫瑰象征着爱、魔力、希望和激情。玫瑰在我国的栽培大约有2000多年历史，与蔷薇、月季一起被誉为“蔷薇园三杰”。

玫瑰被列为“花中之友”，品列中等。据《诗经植物图鉴》和《楚辞植物图鉴》，梅、兰、荷、菊等花卉在《诗经》《楚辞》中已多次出现，尤其是《楚辞》中吟咏的花木多达45种，其香草美人之喻已开创了寄喻言志的传统，多为后世文人所继承，但其中不见玫瑰之芳踪。究其原因，还是玫瑰的审美特征与文人士大夫的审美趣味不相符合。玫瑰的审美价值之所以不被重视，与玫瑰花自身的特征关联甚大。

玫瑰花之形态逊于牡丹之属

明人薛凤翔所著《牡丹史》中讲：“花佳处亦有十等：曰精神、曰天然、曰娇媚、曰丰伟、曰温润、曰轻妙、曰香艳、曰飘逸、曰变态、曰耐残，各有攸当。”在中国传统花卉文化审美类别中，梅、兰、荷、菊作为一类具有共同的审美特征，玫瑰其精神与梅、兰、荷、菊一类相比不及，其华丽与牡丹、芍药一类相比稍逊。唐代诗人徐凝在《题开元寺牡丹》诗中说，“虚生芍药徒劳妒，羞杀玫瑰不敢开”，以芍药、玫瑰衬托牡丹为百花之王。明代袁宏道《瓶史》中认为：“花之有使令，犹中宫之有嫔御、闺房之有妾媵也……牡丹以玫瑰、蔷薇、木香为嫔。”林语堂先生在《论花与花的布置》中也谈及：“我想中国人对玫瑰花之所以不更加重视，乃是因为它的色泽和形状属于牡丹一类，可是没有后者的华丽。”古代种养赏鉴之家将花以品第高下收于各品之中。宋《花经》中“品九命升降次第”，牡丹为最高的“一品九命”，玫瑰却被列为“七品三命”，而在明《瓶花谱》中玫瑰为“五品五命”。不难理解，牡丹因兼具形体之佳，色彩之美，芳香之浓，风韵之最，其地位至高无上，堪称“花王”，有“国色天香”之誉，而玫瑰因形、色稍逊而不被重视。

玫瑰身有“刺”而不可近

玫瑰枝干密生皮刺和刺毛，因此，《说略》卷二十四中称“牡丹为贵客、梅为清客、兰为幽客……玫瑰为刺客”。《红楼梦》中的尤三姐就被贾琏称作“玫瑰可爱，但刺多扎手”，以此形容尤三姐虽然美丽但性情强悍不易驯服。清人张潮也认为玫瑰不适于观赏：“花之宜于目而复宜于鼻着，梅也，菊也，兰也，水仙也，珠兰也，莲也。止宜于鼻者，橼也，桂也，瑞香也，栀子也，茉莉也，木香也，玫瑰也，腊梅也。余则皆宜于目者也。”而明代文震亨曾言：“玫瑰一名徘徊花，以结为香囊芬氲不绝，然实非幽人所宜，佩嫩条丛刺不甚雅观。花色亦微俗，宜

《花鸟》（局部） 郑集宾

充食品，不宜簪带，吴中有以亩计者，花时获利甚伙。”玫瑰虽美，但可远观，不可亲近。人们用“带刺的玫瑰”形容一个人，常常包含着褒贬两层意味。这种人美丽、能干，但又富有个性，正直、刚烈，所以往往让人觉得其可敬而不可亲。中国人的理想中人，是“内方外圆”，内心正直而处事圆融，要做到这一点诚然不易。但“带刺的玫瑰”保持了自我，不改本性，个性鲜明，确也无须刻意改变自己。

玫瑰象征着浪漫和爱情

玫瑰虽然带刺，但从字源看，具有“美玉”般的品质。古人认为玉有玉德，象征着美好、洁白、珍贵，不可亵玩之。玫瑰花虽娇艳、美丽，花香扑鼻，但花身有刺，不可随意采摘。这体现了人们对待爱情、婚姻的态度。

在现代，受西风东渐的影响，玫瑰作为西式婚礼中的重要礼走进中国婚俗。与此同时，象征爱情的玫瑰花开始绽放在中国现代文学的土壤中，玫瑰的意象在诗歌、小说、话剧等不同的文学形式中大量涌现。

现代诗人徐志摩的诗作中多处写到了玫瑰。尤其是1922年所作的《情死》一诗中，诗人的感情外露而浓烈，将爱、自由和美的人生理想表现出来，充满了一种悲剧式的美感。诗人殷夫所作的《啊，我爱的》诗中以玫瑰喻人，感情炽热。冰心《繁星》《春水》两诗集中也有多处写到了玫瑰，如：“天上的玫瑰，红到梦魂里；天上的松枝，青到梦魂里；天上的文字，却写不到梦魂里。”“微阳的阶上，只坐着自己——绿叶呵！玫瑰落尽，诗人和你一同感出寂寥了。”甚至当代有学者认为：“红玫瑰是冰心从青年时代就喜爱的花卉。玫瑰既象征着冰心博大的爱心，也象征着她的风骨。”茅盾的《子夜》中，雷参谋最宝贵的是“一本破旧的《少年维特之烦恼》和揭开的书页的那一朵枯萎的白玫瑰”。此外，还有张爱玲写《白玫瑰与红玫瑰》、庐隐女士著《玫瑰的刺》等，不胜枚举。而在流行音乐方面，20世纪40年代中国流行歌曲开创者之一、上海青年作曲家陈歌辛写出了《玫瑰玫瑰我爱你》，该曲走红上海，走红中国，走向海外，二战结束后美国流行乐坛把它译成英文歌曲*Rose Rose I Love You*，并改编成爵士乐，风靡全球。

在当代，玫瑰除了象征爱情、作为爱情的信物，被人们视为“爱情花”“友谊花”外，还是“浪漫”“优雅”和“美好”的代名词，人们常以玫瑰比喻女性。例如，优雅高贵的黛安娜王妃被称作“英格兰玫瑰”，英姿飒爽的中国女子足球队被誉为“铿锵玫瑰”，而那些有坚强个性的美女常被称为“刺玫瑰”。此外，在当代文学批评话语中，玫瑰用来表示女性文学、爱情文学，例如，玫瑰园、玫瑰谷等。

【诗情花语】

玫瑰

唐·彦谦

麝炷腾清燎，鲛纱覆绿蒙。

宫妆临晓日，锦缎落东风。

无力春烟里，多愁暮雨中。

不知何事意，深浅两般红。

【赏析】

这首诗从审美体验的具体过程来看，是完整的也是细腻的。美感体验是从直观开始的，诗人着重写了玫瑰的外部形态美，但并没有局限于这样的描写，而是进一步写出了玫瑰的神态美，写出了其特质和精神，把玫瑰花人格化、个性化了，诗人的情感也得到了自然流露。

丁香

同向春风各自愁

丁香在我国已有1000多年的栽培历史，《花经》把其列为我国特有的传统名贵花木之一。民间流传着一副称为“联姻对”的对联，对联的上联为“水冷酒，一点，二点，三点，点点在心”，下联为“丁香花，百头，千头，万头，头头是道”。“水冷酒”三字的偏旁，依次是：“水”为一点水，“冷”为二点水，“酒”为三点水；“丁香花”三字的字首，依次是“丁”为“百”字头，“香”为“千”字头，“花”为“万”（萬）字头；对联表达了世代姻缘像千万枝丁香花一样繁花似锦的美好愿望。丁香有“幸福之树”的美誉。相传古时候有一户人家，院中有一株丁香，枝繁叶茂，年年花开不断，一家人岁岁和睦相处，阖家团圆，事事如意。在云南，丁香还被称为“爱情之花”“情客”，当地德昂族和傣族的青年男女，在每年传统的

《丁香》 张熊

“采花节”时，都要上山采摘丁香花赠予自己的恋人，表示对爱情的坚贞不渝。

“丁”，象形字。《说文·丁部》载：“丁，象形。丁承丙，象人心。凡丁之属皆从丁。”清代段玉裁《说文解字注》曰：“夏时万物皆丁实。”丁本义为钉子。“香”，芳也。从黍，从甘。《春秋传》曰：“黍稷馨香。”凡香之属皆从香。这一植物得名丁香，是因其花冠筒形如小丁，且香气浓郁。丁香，又称紫丁香、百结花。落叶灌木或小乔木。春季开花，紫色，花密集成圆锥花序，香气浓烈袭人，是人们喜爱的观赏花木之一，古代诗人称赞不已。由于丁香花朵纤小文弱，花筒稍长，给人以欲放未尽之感，又被人比喻愁思百结不解，诸家以结立意，妙语连珠，曲尽其情。

丁香寄托着忧愁、幽怨之情

以丁香寄托忧愁、幽怨之情，这是丁香作为古典诗歌传统意象的基本象征意义。自从李商隐《代赠》根据丁香的自然形态而联想发挥，写出了愁绪、愁思，带有“忧愁”含义的丁香或者丁香结便成为诗歌中一个重要的“原型意象”。经过后代文人的反复渲染，“丁香结”便成为一种约定俗成的较固定的象征，成为“忧愁”“幽怨”的代名词。“多情自古伤离别”，这是天下有情人共同的普遍性心理。在百花争卉、春光明媚的日子，思妇们内心的孤独便油然而生，对丈夫或情人的思念泛滥于这美好的春光中。此当以李商隐的《代赠二首》其一为代表：“楼上黄昏欲望休，玉梯横绝月中钩。芭蕉不展丁香结，同向春风各自愁。”代赠当是代妇人赠远行之人。前两句塑造了一个倚楼远望、肝肠寸断的思妇形象，后两句借用芭蕉与丁香这两个意象加深了春

《丁香》 王震

愁。芭蕉的特征是叶大且长因而常常卷曲，于是就有了忧愁不展的象征意义。诗人又以丁香之结，喻心情郁结不开。两种忧愁意象的组合，使思妇的春愁倍增。“芭蕉不展丁香结”为思妇词开创了新的境界，对后来的文学创作产生了深远影响，特别是在擅长闺怨诗的花间词人笔下，丁香更是经常出现的意象。如唐代毛文锡的《更漏子·春夜阑》词有“偏怨别，是芳节，庭下丁香千结”之句，以千结丁香暗喻思妇愁肠百结，展现思妇那浓得化不开的离绪和春愁。在宋代及后来的词作中，借丁香意象以抒发相思之苦的情绪更为浓烈，如柳永《西施》词曰：“要识愁肠，但看丁香树，渐结尽春梢。”

丁香常藉以烘托深厚的恋情

在有些诗词中，作者往往借丁香来烘托恋情，丁香成为忠贞爱情的见证，“丁香结”忧愁的意味淡化，转而成为“情结”的代称。唐代韩襄客《江南妓》诗云：“连理枝前同设誓，丁香树下共论心。”此时的丁香树俨然是恋人相互盟誓的见证。毛文锡《中兴乐》中云：“豆蔻花繁烟艳深，丁香软结同心。”用互文的修辞手法，借用同心的豆蔻花和丁香的忧愁之结来象征爱情忠

《丁香》 张培敦

贞的同心情结。韦庄《悼亡姬》中的“竹叶岂能消积恨，丁香空解结同心”之句，则用丁香空结同心来反衬自己失去爱姬的悲悼之情。而明代许邦才的一首《丁香花》则唱出了西子湖畔歌女苏小小心中郁积的情结：“苏小西陵踏月回，香车白马引郎来。当年剩绾同心结，此日春风为剪开。”古乐府《苏小小歌》云：“妾乘油壁车，郎骑青骢马。何处结同心？西陵松柏下。”许邦才的《丁香花》诗化用苏小小的典故，表明了苏小小对爱情的坚贞，丁香花成为当年苏小小与其情郎在西陵松柏下所绾的同心结意象。同心的誓约还在，美丽的容颜虽敌不过岁月的无情，但刻骨的爱情却与时光同在。诗人的奇思妙想借助于丁香复活了这段感动千载的感情。“二月春风似剪刀”，用自然之剪来剪开这段尘封的记忆，让美丽的花儿绽放在春日的明媚中，如同这跨越千年的爱情历久弥新，永不衰老。

丁香象征着高洁的情趣

在唐人咏丁香的诗作中，首推杜甫的《江头五咏·丁香》：“丁香体柔弱，乱枝结犹垫。细叶带浮毛，疏花披素艳。深栽小斋后，庶使幽人占。晚堕兰麝中，休怀粉身念。”前四句用白描的手法展示了一个清淡素雅的丁香形象：柔弱、枝繁、素艳。丁香花团锦簇，外朴而内秀，花色明丽，又香气馥郁，淡雅清幽，被人们称为“花中君子”。后四句则写出了丁香高洁的内质。“幽人”指幽居之士，古代常指隐士。清代朱鹤龄注杜诗曰：“丁香与幽僻相宜，晚而坠于兰麝，则非其类矣。虽粉身其足惜哉。”柔弱的丁香被赋予了高贵的品质、坚强的个性，它宁可粉身碎骨也不与世同流合污，遂成为作者独立人格的化身。杜甫晚年空怀壮志，无由抒发，借柔软的丁香咏志，暗抒个人的家国情怀。

宋代词人王质《凤时春》中云：“标格风流前辈……除丁香蔷薇酴醿外。便作花王，不是此辈。”宋王十朋《点绛唇·素香丁香》词曰：“素香柔树，雅称幽人趣。”明代吴宽《丁香》诗云：“初栽只一干，肥壤卉争荫。分移故园内，不知枯与荣。终当问来使，亦欲如渊明。”陶渊明是中国文人士大夫的精神典范，他清高超逸的人格、不与世俗同流的个性是历代文人颂扬的楷模，他笔下的菊花也成了中国文学里象征着高雅出尘情致的原型意象，而在吴宽的笔下，丁香也具有了与菊花相同的品质。

丁香常用于衬托美人

以花咏美人是中国古代文人惯用的表现手法。最早运用这一手法的是屈原，《离骚》中的“制芰荷以为衣兮，集芙蓉以为裳”，是爱国诗人的自画像，是一种高洁的形象，但这只是以花喻人的早期形态，这些花只是诗人外在衣着的修饰，而非用于对容貌的刻画。到后来，以花喻人便成为一种成熟的表现手法而被广泛运用，如白居易的《长恨歌》有“芙蓉如面柳如眉”“梨花一枝春带雨”，刻画了雍容华贵的杨贵妃的形象；再如韦庄的

《浣溪沙》有“暗想玉容何所似，一枝春雪冻梅花，满身香雾簇朝霞”，描绘了一个冰清玉洁的佳人形象。而以丁香衬美人、以美人写丁香也经常出现在诗词之中。

清代查礼的《紫丁香花歌·为杭大宗编修赋》这样描绘丁香：“高枝似袅紫玉烟，低影还如紫云舞。柔肌仙骨不胜扶，细眼明眸疑欲语。蒙茸乱蕊笑紫荆，更比紫薇重难举。羡君深院金屋同，贮此娉婷十三女。”柔弱的丁香花在诗人笔下就似那“侍儿扶起娇无力”的浴后杨贵妃，眉目间传出的深情令人销魂。她那闪亮的眸间流动着迷人的妩媚，她要告诉我们什么呢？一切尽在不言中，然其娇羞之态已跃然于纸上，诗人也禁不住羡慕“贮此娉婷十三女”的杭大宗先生了。

此外，在清代的咏丁香诗词中，出现了“丁娘”形象，如同唐宋诗词中的“谢娘”，所不同的是，谢娘是唐代有名的歌妓，后人因以其作为眉目娟好、体态妩媚的女子的代称。而丁娘却是用花草比拟女性，成为渴望真挚爱情的女子的代称。

《丁香》　王师子

【诗情花语】

丁香花

宋·洪遵

来自丁香园，还应世所稀。
丛生盛花叶，乱结罥中衣。
冷艳琼为色，低枝翠作围。
蔓连凝销骨，时见玉尘飞。

【赏析】

这是一首带有伤悼情调的赞歌。本诗的作者出于自己独特的生活体验，对丁香植于路旁角隅与杂树荒草为邻，而又能内秉奇秀、独抱芳节的特质有深刻的理解，歌咏它不同凡俗的玉姿芳质，赋予其彬彬君子的神韵，寄托自己芳洁自持、鄙薄杂芜的高情远志。

《大喜坚固》　齐白石

桃花

人面桃花相映红

阳春三月，大地回暖，万物复苏，这时候，在大自然中担纲主角的是桃花。一夜之间，一树树的桃花竞相开放，漫山遍野朵朵灿烂，枝枝夺目，那景色真可谓“桃花溪流共争妍，姹紫嫣红竞相呈”。

《红楼梦》第六十三回怡红夜宴，群芳为宝玉祝寿。席间行令，袭人第八个掣签，得到一枝桃花签，题曰“武陵别景”，且有一句旧诗“桃红又见一年春”，签语是“杏花陪一盏，坐中间同庚者陪一盏，同辰者陪一盏，同姓者陪一盏”。“桃花”其色极娇，酷似美人之面。袭人柔媚娇俏，宝玉素喜，脂批亦说袭人“俊俏”，而以桃花终，无非薄命而已。“武陵别景”和“桃红又见一年春”实际预为他日之兆，清姚燮称：“《红楼梦》中凡薄命结局处，异样俱全，‘其背恩再嫁者，惟花袭人一人

《桃花小鸡》　齐白石

耳’。”可见签语预示着她的命运。签语“杏花陪一盏，坐中同庚者陪一盏，同辰者陪一盏，同姓者陪一盏”，要求“同庚者”“同辰者”“同姓者”以及“杏花”陪饮，于是香菱、晴雯、宝钗、黛玉、芳官、探春，人皆有份。签语要求一同陪饮的六人都是薄命女儿。

“桃”，形声字。《说文·木部》载：“桃，果也，从木，兆声。”

桃是蔷薇科落叶小乔木，春季开花，花淡红色、粉红色或白色。其果实桃子，呈球形，表面有茸毛，味道酸甜可口，是深受人们喜爱的一种水果。

桃花是历代诗人歌咏的花木。从《诗经》中“桃之夭夭，灼灼其华”开始，历代咏桃花诗篇数不胜数。桃花的文化内涵可以分为两类：一类借桃花咏叹爱情的美好、生命的美丽和对理想的追求，桃花是繁荣、幸福、美满、和谐、热烈的象征；一类借桃花表达青春易逝、抱负难成和女性命运乖蹇的感伤，抒发苦难、不幸、孤独、悲愤、幽怨之情怀。

桃花象征着驱邪、吉祥。“桃”，从“木”，指树木；从“兆”，“兆”是龟甲烧后的裂纹，本义是卜兆。桃，表示与占卜、吉凶有关。古人认为桃木有镇邪、驱邪的作用。传说东海度朔山上有一棵桃树，树下住着神荼和郁垒两兄弟，他们可以食百鬼。《封神演义》中赤精子就曾让纣王把桃木剑挂在宫中以震慑妲己。古人佩戴的“桃印”就是用桃木刻成的辟邪饰物。“桃茢”是用桃枝编织的扫帚，用以扫除不祥。“桃符”更是为大家所熟知，是古时挂在大门上的两块画着门神或写着门神名字、用于避邪的桃木板，后来在门上贴春联。宋代王安石的《元日》诗云：“千门万户曈曈日，总把新桃换旧符”，表达了人们避凶趋吉的心理追求。

《桃花且看舒心红》　陈兰卿

桃花象征着人们对美好幸福的向往。陶渊明笔下的“世外桃源”为士大夫们构造了一个宁静恬然的心灵憩息场所，那里“中无杂树，芳草鲜美，落英缤纷……黄发垂髫，并怡然自乐”，在这一理想社会中，人们没有争斗，过着怡然自乐的生活，这一想象为士人们卸载了多少人生的重负和压抑，同时也给桃花增添了几分脱俗之美。桃源的桃花盛开永恒，在历代的诗词作品中，桃花源成了通向人生理想境界的仙源。李白在《古风》中写道：“一往桃花源，千春隔流水。”桃花成了仙境中永不凋谢的美丽，空幻缥缈。王维在《桃源行》中云：“渔舟逐水爱山春，两岸桃花夹古津……春来遍是桃花水，不辨仙源何处寻。”桃花虽美，桃源难觅，理想总是与现实矛盾。

桃花艳丽的色彩与明媚的气息最能让人感受到生命的魅力。人对于生命的体验和感悟是不可穷尽的，“何彼秾矣？华如桃李”，充满激情和追求的生命就像盛开的桃花。《初学记》引东晋傅玄的《桃赋》赞道：“华升御于内庭兮，饰佳人之令颜。”在唐代，吟咏桃花者更多，皮日休在《桃花赋并序》中谓桃花：“有艳外之艳，华中之华，众木不得，融为桃花。”热情浪漫的唐代诗人留下了大量歌咏桃花的诗歌，充满了对生命的热爱和礼赞，展现了盛唐气象之下那昂扬向上、奋发的精神。唐太宗李世民曾作《咏桃》诗：“禁苑春晖丽，花蹊绮树妆。缀条深浅色，点露参差光。向日分千笑，迎风共一香。如何仙岭侧，独秀隐遥芳。”面对灿若云霞又如美人笑靥的桃花，天子和平民一同陶醉，皆露出真性情。诗歌中，在明媚的春光里，艳丽的桃花充满了生命的气息。桃花的生长环境不似牡丹那么娇贵，多生长于野外甚至生长在山涧之中，展示出旺盛的生命力，如唐刘长卿云：“四月深涧底，桃花方欲然。宁知地势下，遂使春风偏。”唐代诗人白敏中的《桃花》绝句对桃花在春日怒放赞不绝口：“千朵秾芳倚树斜，一枝枝缀乱云霞。凭君莫厌临风看，占断春光是此花。”自唐以降，宋时文人对梅花的欣赏达到了登峰造极的痴迷程度，但桃花的绝美也让时人倾倒，连写出著名的《范村梅谱》的范成大也不无幽默地对桃花赞不绝口：“探梅公子款柴门，枝北枝南总未春。忽见小桃红似锦，却疑依似武陵人。”

桃花常常用来形容女子的容貌。《诗经·桃夭》中“桃之夭夭，灼灼其华”其意是桃树非常茂盛，枝木挂满了鲜艳的桃花，用红灿灿的桃花比兴新娘的美丽容貌。《诗经·何彼秾矣》中云：“何彼秾矣？华如桃李。”是什么东西这么好看呢？是桃树和李树的花啊！这里是以桃李作比，刻画出新娘新郎光彩照人的样子。后世常用“面如桃花”来形容女子的美丽。相传唐代诗人崔护在长安城南遇见一个美丽的少女，顿生爱慕之情，第二年的同一

《桃花》　齐白石

天，他又回原地寻觅，可是物是人非，少女已不知去向，他心中无限惆怅，于是写下了著名的《题都城南庄》："去年今日此门中，人面桃花相映红。人面不知何处去，桃花依旧笑春风。"

桃花是对青春红颜的叹惋

桃花是美丽的。宋书《埤雅》中写道："天下之美有不得而兼者，桂花优于香，桃花优于色，梅花早而白，杏花晚而红。"然而，再美的事物也有它的生命周期。桃花，花期短，且很娇嫩，易凋落，其树生长年限仅以十年为多，"色之极媚者，莫过于桃；而寿之极短者，亦莫过于桃。"白居易在《种桃歌》里详细记述了桃树的生长周期和桃花逐年减少的状况："食桃种其核，一年核生芽。二年长枝叶，三年桃有花。忆昨五六岁，灼灼盛芬华。迨兹八九载，有减而无加。去春已稀少，今春渐无多。明年后年后，芳意当如何。命酒树下饮，停杯拾余葩。因桃忽自感，悲吒成狂歌。"面对似水年华、青春难羁，很多诗人有着相同的感受，"况是青春日将暮，桃花乱落如红雨"，悲情与美景常常作为不协调的对抗面而又共处于同一体中。花草树木，历经四季荣枯，这是自然之理，绚丽的桃花转眼便凋残枯逝，青春的光彩转眼便黯然失色，美是难以永恒的，这是多么让人伤怀！

由于桃花花期短，又以美丽的女性作为原型意象，因此桃花飘零与红颜易逝密切相关，诗人多以桃花作为红颜命薄的叹息。早在南朝，陈江总《闺怨》即有"愿君关山及早度，念妾桃李片时妍"的描写。到了唐代，文人更是赋予桃花飘零以青春易别、红颜暗逝的感伤意蕴。

贾至《春思二首》其一诗曰："草色青青柳色黄，桃花历乱李花香。东风不为吹愁去，春日偏能惹恨长。"历乱飘落的桃花撩拨着女子莫名的春愁，流露出淡淡的落寞和感伤。唐代严武《班婕妤》中云："贱妾如桃李，君王若岁时。秋风一已劲，摇落不胜悲。"后宫女子颜如桃李，然不耐风寒，随风飘零，色衰爱弛的凄苦借东风中的桃花形象表达出来。此外，冯延巳《临江仙》中"冷红飘起桃花片"、李煜《蝶恋花》中"桃李依依春暗度"等词句中的片片"桃花"，无不诉说着红颜青春的阑珊意绪，承载了文人对女子容颜倏忽而逝的叹惋。这方面的代表作还有皮日休的《桃花赋》，其以历史或神话中美丽而不幸的女子来描写飘落的桃花，从而使桃花隐含了薄命红颜的意蕴。清代李渔曾言："草木之花……色之极媚者莫过于桃，而寿之极短者亦莫过于桃，'红颜薄命'之说单为此种。"其表达是以美人喻花，与上面几例以花喻美人目的不同，思路相反，但都是花与美人之间的传统类比、隐喻关系的表现。

桃花也常被文人用于抒发对人生际遇的感慨

魏晋时期，桃花是早春时序物象，花开花落引起文人的惜花之情。《晋诗》卷十九《子夜春歌》诗云："春桃初发红，惜色恐侬摘。朱夏花落去，谁复相寻觅。"诗中的"春桃"并没有深刻的情感寓意。唐代尤其是中晚唐文人则借桃花抒发身世之感慨，如白居易《种桃歌》诗曰："命酒树下饮，停杯拾余葩。因桃忽自感，悲吒成狂歌。"诗人目睹桃花飘零，引起的不仅是惜花之情，更是对自身年光渐迈的悲慨。刘长卿《晚桃》诗曰："四月深涧底，桃花方欲然。宁知地势下，遂使春风偏。此意颇堪惜，无言谁为传。过时君未赏，空媚幽林前。""桃花"是诗人自身的象征，春风难度而生机无限，诗人渴望入世的心态借"晚桃花"曲折地透露出来。李九龄《山舍南溪小桃花》、温庭筠《敷水小桃盛开因作》、李商隐《赋得桃李无言》、皮日休《桃花赋》中的“桃花”，都是虽有济世之才而不得重用的晚唐士人的象征。

桃花虽然象征着美丽、美好、吉祥，但事物总有两面性。美丽让人赏心悦目，但假如把握不好，失去理性、分寸，也会招来灾祸。如“桃花煞”，人如果色迷心窍，很容易被人利用，给自己招来厄运；行为不检点，或会引来“桃色新闻”。

【诗情花语】

大林寺桃花

唐·白居易

人间四月芳菲尽，山寺桃花始盛开。

长恨春归无觅处，不知转入此中来。

【赏析】

首句开头，诗人着意用了“人间”二字，强调偶遇桃花这一奇遇、这一胜景给诗人带来的特殊的感受，即仿佛从人间的现实世界置身于另一仙界。这首诗中，既用桃花指代抽象的春光，把春光写得具体可感，形象美丽；而且还把春光拟人化，春光闪来躲去，十分调皮。诗歌立意新颖，构思灵巧，而戏语雅趣，又复启人神思，惹人喜爱，可谓唐人绝句小诗中的又一珍品。

杏花

春色满园关不住

红楼十二钗中，探春是唯一具有两种代表花的女子：一是玫瑰，一是杏花。之前已经谈论过她为“玫瑰”的寓意，在此，再谈其“探春之杏花”寓意。第六十三回群芳夜宴占花名时，探春掣得杏花签，题曰“瑶池仙品”，诗曰“日边红杏倚云栽”，签语“得此签者，必得贵婿，大家恭贺一杯，共同饮一杯”。“瑶池仙品”，根据清人张子梁注解，此语指探春作为“贾氏闺中之杰”“书中第一正人”，每于大处留心，不同众女子只一味憨顽，心术正大而又识见高明，因此位列“仙品”。诗句“日边红杏倚云栽”不仅说明其品之高，也预示有个“好兆头”。关于签语，清人姚燮分析，乍看探春这句话“若有憾焉，其实乃深喜之”——必得贵婿固好，夫家既贵亦成，但最终远嫁，清人张新之评为薄命，恐怕这也是探春掣签时所不曾料到的。总之，以

《杏花》 齐白石

“杏花”解说探春的命运和人品，所谓“可惜长才源庶孽，翻教美质受嗷嘈。自应不洒别离泪，一路东风直放篙”。

“杏”，形声字，从木，从口。“木”为树木，“口”为口食。《说文·木部》载：“杏，果也。从木，可省声。”“杏”是杏树结出的果实。本义为杏树的果实。“春色满园关不住，一枝红杏出墙来”，杏花是春天的象征，给人带来无限生机和美好的希望。相传东吴医生吴董奉为人治病，不收报酬，只求治愈者为其种杏几株，数年后蔚然成林。“杏林”遂成医德之代称。杏，属蔷薇科落叶乔木，叶子呈卵形，春季开花，花蕾红色，渐次变白。“杏花飞雪点春波”“白白红红一树春”“一堆红雪罩轻烟”分别从不同角度描写了杏花盛开之时的艳丽景象。

任何一种花卉，都包括两个方面的美。第一个方面是其形象美，人们在欣赏一种花卉的时候，首先映入眼帘的便是其色彩、姿态，这是一种自然美、客观美，是花卉本身与生俱来的美。第二个方面是其

《杏花》 齐白石

神韵美，这是一种主观美、象征美，是后天人们所赋予的。杏花也是如此。

杏花有娇容三变的神奇

杏花的美，是一种不张扬、不做作，顺应自然、随其本性的美。杏花有香，但不以香称胜，而花色却颇有特点。很多花卉的颜色都是固定单一的，而杏花“二月开，未开色纯红，开时色白微带红，至落则纯白矣”，可谓“娇容三变”，显示出丰富的观赏价值。初开时红色纯正如火，称为“红杏”，从唐代高骈“惆怅仙翁何处去，满庭红杏碧桃开”、北宋司马光“田家繁杏压枝红，远胜桃夭与李秾”、金末元好问《荆棘中杏花》“杏花看红不看白，十日忙杀游春车”、元末杨基《梅杏桃李》“只恐胭脂吹渐白，最怜春水照能红”等诗中便可窥见一斑。慢慢等到它绽开了花苞，争先怒放时则是薄粉轻红。宋朝林逋就曾写道：“蓓蕾枝梢血点干，粉红腮颊露春寒。”此句运用了拟人化的手法，把杏花写成粉红腮颊的美人，刻画出了杏花的娇羞妩媚，很是形象生动。唐代郑谷《杏花》诗中云：“不学梅欺雪，轻红照碧池”，运用了对比、拟人的修辞手法，为我们展现出了一幅春意融融的画面。北宋宋祁一句“红杏枝头春意闹”流传千古，他也被世人称作“红杏尚书”。在阳光明媚的早春时节，杏花陆陆续续地盛开了，绽放出粉红色的花蕾，这些薄粉轻红的花蕾斜簇在树枝上，展现着迷人的身姿，倒映在花下的池水碧波中，仿佛少女在梳妆打扮，清新自然，一股青春的气息荡漾其中。不过花开有时，花落有期，这是自然界的规律，再色彩鲜艳的杏花，也终究是要凋落的，杏花待到花落时，便变成了白色。北宋王禹偁作《杏花》诗曰：“双成洒道迎王母，十里蒙蒙绛雪飞。”那如雪如云的杏花，飘飘洒洒落下，景色甚是壮观。而苏轼《月夜与客饮酒杏花下》诗中云："花间置酒清香发，争挽长条落香雪"，也描写了杏花凋落的场景。花虽凋落，但在凋落的时候也是美丽的，它以最美的姿态呈现在世人的面前，洁白的身姿使人无法忘怀。杏花有春色满园的美丽，同时也更让人惊叹于其娇容三变的神奇，真可谓"红红白白一树春"。

杏花具有丰润灿烂的美态

杏花的盛开正值清明时节，此时雨水较早春渐多，杜牧"清明时节雨纷纷"、陈与义"杏花消息雨声中"等诗句说的即是此意。在古诗词中也常常出现"杏花雨""红杏雨"等语汇，指的正是这一节候特征。风吹雨打对于鲜花来说不免有煞风景之虞，但对杏花来说，诗人更津津乐道的是雨水对杏花的催化作用。唐代钱起《酬长孙绎蓝溪寄杏》中"清香和宿雨，佳色出晴烟"、权德舆《奉和许阁老霁后慈恩寺杏园看花，同用花字口》中"杏林微雨霁，灼灼满瑶华"之句，写的即是雨后初霁，杏花更为鲜艳夺目，清香宜人。宋代陆游《临安春雨初霁》中"小楼一夜听春雨，深巷明朝卖杏花"、元代王恽《春夜独坐》中"长记东墙微雨后，一枝红艳杏花娇"，这些俨然有前因后果的句式，都生动地揭示了春雨沐浴滋润之后花盛色鲜的独特形象，这在其他鲜花描写中是极为少见的。南宋文天祥《次约山赋杏花韵》"名花韵在年晴初，雨沁胭脂脸更敷"、明代胡奎《春词》"江城五更雨，催得杏花开"之句则说得更加明白，雨水的滋润使杏花开放得更为灿烂，更为丰润。即使是雨打风吹去，人们所爱好的也是"杏花零落燕泥香""杏花零落水痕肥"那样一派落瓣化泥、雨润物阜、水土肥美的景象。

《杏花》　齐白石

杏花具有堪怜堪爱的神韵美

杏花的整体形象特征和审美个性，主要体现在杏花之繁、艳、娇等方面。所谓繁，是指杏花败育不实的比率较高，古代园艺家谈及杏树也有“多花少实”之说，杏枝条上多是复花芽，一个叶芽与一至三个花芽并生，因而盛开时，花朵较为繁密。反映在文学中，人们对杏花的描写，首先离不开一个“繁”字，如唐李建勋有“最有杏花繁，枝枝若手挼”之诗句。尤其是与梅之疏花小蕊相比，杏花的繁密就更为突出，宋杨万里曾语“梅不嫌疏杏要繁”。所谓艳，由于杏初开时纯红，继而转淡，加之花朵繁密，因而整体上便显出艳丽的品色，宋朱淑真《杏花》诗云：“浅注胭脂剪绛绡，独将妖艳冠花曹。”与朱淑真大致同时代的姚宽在《西溪丛语》中称牡丹等花为“三十客”，其中“桃为妖客，杏则为艳客”，这一说法影响颇大，在后世几成杏花的定评。所谓娇，是称赞杏花的娇美，以唐代诗人吴融最为典型，其《杏花》诗写道：“春物竞相妒，杏花应最娇。红轻欲愁杀，粉薄似啼销。”这可以说是对杏花之“娇”简明生动的诠释。

杏花具有迎春绽放的节令美

杏花是春耕、清明时节的重要风物，春季万物生长，春暖花开，许多植物也都有类似的物候意义，文人常常利用不同的组合来表示具体节候之义和相应的风物美感。其一，杏花与菖叶。

《吕氏春秋》卷二六载："冬至后五旬七日，菖始生。菖者百草之先生者也，于是始耕。"杏花与菖蒲一样也是春耕的重要物候。南朝王融"杏花菖叶，耕获不愆"、徐龄"望杏敦耕，瞻蒲劝穑"，都把二者并举。唐《初学记》在"岁时部""春天"条下就将"杏花"与"菖叶"作为一组对偶物象。后世作品中也多将两者对仗来描写仲春二月的田园风光和春耕气候，如北宋王安石《蒲叶》诗中云："蒲叶清浅水，杏花和暖风。"其二，杏花与杨柳。杏花、杨柳是三春物色风景中最重要的角色，历来为各朝骚人墨客所吟咏，唐韩鄂"杏压园林之香气，柳笼门巷之晴烟"、宋韩琦"绿柳风软杏花香"、宋代诗僧志南之名句"沾衣欲湿杏花雨，吹面不寒杨柳风"，道尽了这一风物组合最为温柔美妙的感受。

杏花作为重要的农事物候，是农事和田园诗中最常见的意象。唐储光羲《田家即事》诗云："蒲叶日已长，杏花日已滋。老农要看此，贵不违天时。"虽然后世农业生产深入发展，尤其是我国幅员辽阔，地区差异较大，望杏耕种的说法未必皆准，但杏花时节总是农耕生产的大好时机。杏花作为这一农时的典型风物，总给人一种雨润土壤、生机勃勃、耕种及时、岁稔有望的感觉和联想。唐李德裕《忆春耕》诗曰："郊外杏花坼，林间布谷鸣。原田春雨后，溪水夕流平。野老荷蓑至，和风吹草轻。无因共沮溺，相与事岩耕。"杏花伴随着一派春物祥和、耕种繁忙的景象和氛围，洋溢着村社农耕生活的和谐美好。

【诗情花语】

杏花

唐·温庭筠

红花初绽雪花繁，重叠高低满小园。
正见盛时犹怅望，岂堪开处已缤翻。
情为世累诗千首，醉是吾乡酒一樽。
杳杳艳歌春日午，出墙何处隔朱门。

【赏析】

此诗直接描写杏花之颜色及所处空间状貌，进而由花联想到现实世界。诗人借杏花之开放喻己之抱负，借杏花之繁喻己之才华，借杏花缤纷喻己怀才却失意。结尾两句表达诗人朦胧的期望：翘首期盼有朝一日自己能像出墙红杏一样突破朱门所限，得以为世人所赏识。

《桃杏花》　吴昌硕

石榴

只疑烧却翠云鬟

石榴花是贾元春的代表花属，身为贾家嫡系之一的元春，入宫封妃，成为贾府昌隆运势的支柱，为荣国府带来“鲜花着锦，烈火烹油”的空前繁盛。然而作为“众芳”之一，元春也免不了“群芳髓（碎）”“千红一窟（哭）”“万艳同杯（悲）”的集体命运。“贵妃娘娘贾元春像昙花一现，荣华富贵的荣、宁二府一样也像昙花一现”。贾元春的判词画面上画着一张弓，弓上挂着香橼，词云：“二十年来辨是非，榴花开处照宫闱。三春争及初春景，虎兕相逢大梦归。”石榴花作为元春的代表花属，这首判词画面上的“一张弓”点出“宫”字，“一个香橼”点出“元”字，是写贾元春的宫闱生活。元春在后宫生活二十多年，从女史到凤藻宫尚书，直至贤德贵妃，荣耀一时，像石榴花盛开时一样火红。石榴多籽，寓意多子多孙，然而元春只是榴花，不

《杜鹃榴花》 陈兰卿

是榴籽，说明她怀孕却没有生下孩子。“辨是非”，说明她认识到了宫廷内部的种种黑暗和腐败，她没有自由、没有幸福，内心空虚而苦闷，“虎兕相逢大梦归”，写出了她入宫的必然结局——宫廷斗争中落败，大梦归去，含恨而逝。

“石”，象形字，从厂，从口。“厂”的甲骨文似山崖，表示石头生于自然界，采于山崖中。“口”像石块之形。《说文·石部》载：“石，山石也。”本义为岩石。“榴”，形声字。《说文·木部》载：“榴，从木，留声。本义：木名。即‘石榴’。”石榴是一种落叶灌木，开红花，果实球状，内有很多种子，种子上的肉可吃，根和皮可作驱虫药。《广雅》曰：“若榴，石榴也。”唐段成式《酉阳杂俎》云：“石榴，一名丹若。”甜石榴又称为“天浆”，《本草纲目》中载：“若木乃扶桑之名，榴花丹赪似之，故亦有‘丹若’之称。”

石榴花，落叶灌木或小乔木石榴的花，为石榴属植物。石榴树干灰褐色，有片状剥落，嫩枝黄绿光滑，常呈四棱形，枝端多为刺状，无顶芽。石榴花单叶对生或簇生，呈矩圆形或倒卵形，新叶嫩绿或古铜色。花朵至数朵生于枝顶或叶腋，花萼钟形，肉质，先端6裂，表面光滑具蜡质，橙红色，宿存。花瓣5～7枚，红色或白色，单瓣或重瓣。

石榴花为两性花（即雌雄同株），因雌蕊发育程度的不同，分为完全花和不完全花。完全花是葫芦状花或筒状花，俗称“大屁股果花”；不完全花的萼筒呈喇叭形，称“钟状花”“尖屁股谎花”，不能受精结实。

石榴花代表善美与爱。石榴的原产地为中亚的伊朗、阿富汗，是北非国家利比亚的国花。我国的石榴是从国外传来的，种子为汉代张骞出使西域时自安石国带回，故名“安石榴”。

《石榴蜻蜓》　齐白石

石榴花象征着丰收和繁育多子

石榴多籽，花色浓烈，象征着幸福、丰收和繁育多子，这一点在世界各地文化中都有体现。波斯人称石榴树为“太阳的圣树”，喜其榴籽晶莹，以其象征多子、丰饶。早期亚述石板浮雕中有石榴、葡萄、无花果的图案，这些都是祭祀用的。波斯人崇拜的安娜希塔女神，手执石榴象征丰收，在萨珊波斯的金银器上常有她的身影。在阿拉伯人的婚礼上，石榴也有特殊的寓意，石榴籽晶莹透亮，被阿拉伯人赋予“多子”“忠诚”的含义。中亚风俗中，新娘出嫁时要从娘家携带一个石榴，婚礼后把石榴砸在地上，以蹦出多少石榴籽占卜生育儿女的数量。在位于欧亚大陆交界处的岛国塞浦路斯，先是把阿芙洛狄忒奉为丰产女神，后又奉其为爱与婚姻女神，其象征物中就有石榴。

石榴象征吉祥、多子和丰收的观念随着石榴物种、西域文化和佛教观念的东传而传入中国。石榴多籽，契合中国人多子多福的传统观念，因此中国人把石榴作为多子的象征，这种观念最晚在南北朝时已经形成。《北史·魏收传》记载："安德王延宗纳赵郡李祖收女为妃，后帝幸李宅宴，而妃母宋氏荐二石榴于帝前，问诸人莫知其意，帝投之。收曰：'石榴房中多子，王新婚，妃母欲子孙众多。'帝大喜，诏收'卿还将来'。"石榴为"多子多福"的吉祥象征之物，唐代结婚赠石榴之风盛行，寓意"多生贵子"。结婚时，洞房悬挂两个大石榴，结婚礼品要送绣有大石榴的枕头；初生贵子，亲友要赠送绣有石榴图案的鞋、帽、衣服、枕头等，以示祝贺。明代画家王谷祥《题石榴》诗云："榴房拆锦囊，珊瑚何齿齿。试展画图看，凭将颂多子。"诗中以"榴房"喻多子。

在岭南的潮汕地区，无论是城市还是乡村，路头巷尾，屋前厝后，阳台庭院，随处可见石榴花。农历四五月，青绿的石榴枝头，红花满缀，秋天时节则转化为挂满枝头的累累硕果。潮汕人为何对石榴花情有独钟？这是因为石榴花寄托了人们的希望和祈盼。石榴丰收、多籽，契合了潮汕人心中多子多福的愿望。为此，石榴花融进了他们的生活习惯之中：谁家的孩子出生时第一次沐浴，水里一定会放入一小枝石榴花叶；而新人结婚的洞房，更是石榴花的"海洋"，放着新衣的箱上，刻有石榴花枝；用于祭拜公婆、祈祷早生贵子的粿箱上，雕着石榴花枝；新郎新娘的头上和帽子上，也插着石榴花枝。石榴花不但反映一方百姓祈望吉祥、多子多福的愿望，也培育着一地的淳厚民俗民风。

石榴果是祭献祖先和神灵的佳果

在世界各地不同文化中都有向神灵祖先祭献石榴的习俗。石榴传入中国以后，被中国人视为“九州之名果”“冠百品以奇仰，迈众果而特贵”，因此成为祭献的佳品。三国魏人缪袭《祭仪》载：“秋尝果以梨、枣、柰、安石榴。”魏晋时人有诗云：“苍苍陵上柏，参差列成行。童童安石榴，列生神道傍。”潘岳《河阳庭前安石榴赋》云：“其华可玩，其实可珍，羞于王公，荐于鬼神。”张载《安石榴赋》云：“上荐清庙之灵，下羞玉堂之客。” 中秋时正是石榴上市季节，明清时“八月十五月儿圆，石榴月饼拜神仙”形成风俗。在祭祖仪式上摆放石榴，在陵墓神道上种植石榴树，在中秋佳节祭神时以石榴为供品，都包含着供神灵享用之意。石榴“千房同蒂，十子如一”，寓意全家团圆和谐美满，中秋节是团圆的日子，以石榴作供果，表达了祈求家庭幸福的心愿。中国道教中，石榴是“福”的象征，“天官赐福”图中一身朝服的天官，手抱五个善童，善童手中分别捧着仙桃、石榴、佛手、春梅和吉庆鲤鱼灯等吉祥物。石榴是中国农历五月的当令花，道教中五月花神是鬼王钟馗。五月是瘟疫流行季节，民间请钟馗镇守，所绘钟馗像耳边便插有石榴花。

《石榴》 陈兰卿

石榴成为文学家比兴寄托的意象

石榴树榴枝婆娑，花红似火，翠叶细密，硕果累累，籽粒繁多，晶莹剔透，味道甜美，因此受到各地人们的喜爱，引起人们丰富的联想。自汉代引入以后，便进入诗人文士的吟咏中，汉赋和汉诗中已经有作品写到石榴，此后历代皆有佳作。石榴意象寄托了诗人文士复杂的情感。在诗人笔下自然界的客观事物被赋予了人的情感，“以我观物，故物皆着我之色彩”。石榴树一出现在文学作品中，便被赋予了强烈的情感色彩，诗人笔下出现了通过咏石榴树寄意抒怀的倾向。汉末蔡邕《翠鸟诗》云：“庭陬有若榴，绿叶含丹荣。翠鸟时来集，振翼修容形。回顾生碧色，动摇扬缥青。幸脱虞人机，得亲君子庭。驯心托君素，雌雄保百龄。”诗中石榴树处于君子之庭，成为翠鸟的托身之所。翠鸟摆脱了猎人的机关，得依若榴，获得了安全感。这是诗人自喻，“若榴”暗喻现实中诗人的庇护者。在蔡邕笔下，石榴树已然不是纯客观的果树，寄托了诗人感恩戴德之情。

后来的文人们常常借石榴的命运以表达个人的政治操守和现实遭遇。石榴是从域外传入的，开花在夏天，诗人由此产生联想，从远徙别处和未能及时绽放立意写个人的命运。唐代诗人孔绍作《侍宴咏石榴》诗：“可惜庭中树，移根逐汉臣。只为来时晚，花开不及春。”史载孔绍安侍宴唐高祖李渊，高祖命以“石榴”为题赋诗，他将石榴在仲夏开花的原因，归结为石榴移植中国较晚所致，错过了与百花在春天竞放的机会，以此表达个人的失意。元稹因正直为官遭到迫害，被贬为江陵士曹参军，他借写石榴树表达了远贬失意的痛苦。在《感石榴二十韵》诗中，元稹先感叹石榴树远离故土，僻处故园：“何年安石国，万里贡榴花。迢递河源道，因依汉使槎。酸辛犯葱岭，憔悴涉龙沙。初到

《石榴》 张大千

摽珍木，多来比乱麻。深抛故园里，少种贵人家。”接着写自己在荆州见到石榴树，极写其绿叶红英之美：“唯我荆州见，怜君胡地赊。从教当路长，兼恣入檐斜。绿叶裁烟翠，红英动日华。……俗态能嫌旧，芳姿尚可嘉。”最后表达与石榴树同病相怜之情：“非专爱颜色，同恨阻幽遐。满眼思乡泪，相嗟亦自嗟。”此外，李嘉祐《过乌公山寄钱起员外》中“雨过青山猿叫时，愁人泪点石榴枝”、刘禹锡《百花行》中“唯有安石榴，当轩慰寂寞”、李商隐《回中牡丹为雨所败》中“浪笑榴花不及春，先期零落更愁人”、许浑《游灵伽寺》中“尽日伤心人不见，石榴花满旧琴台”等，皆有拟人寄托之意。

石榴从“滋玄根于夷壤”之外来果木而成为汉地享有盛名的“奇树”“名果”，在传统文化中被赋予吉祥、团圆、喜庆、昌盛、和睦、爱情、多子多福、金玉满堂、才华、长寿、辟邪等多方面的象征意义，蕴涵着深刻而丰富的文化内涵，也承载着不同民族的共同生活向往。

《石榴花水墨画》　齐白石

【诗情花语】

憩冷水村道旁榴花初开

宋·杨万里

茜罗绉薄剪薰风，已自花明蒂亦同。

不肯染时轻著色，却将密绿护深红。

【赏析】

这首咏石榴花诗用比喻的手法，将石榴花比作用轻薄绉纱剪裁而成的红色丝罗。诗人先从正面对花作形容、比喻之后，转而至叶，用叶来衬花，以绿来衬红，更能突出“红”的明艳照人。“不肯染时轻著色”一句又运用拟人的手法，写其花色是有意点染而成，凭空又添了些情趣。这首诗具有明显的宋人以议论入诗的特点，又具有杨万里自己构思新颖、翻出新意的韵致。

月季

一年独占四时春

月季花居十大名花第五位，被誉为“花中皇后”。汉武帝曾对宠姬丽娟称赞说：“此花绝胜佳人笑。”《红楼梦》中的王熙凤是一个令人惊艳的人物。她容貌艳丽，喜爱奢华的妆扮，黛玉第一眼见她便觉“彩绣辉煌，恍若神妃仙子”；她口齿伶俐，治家有方，“男人万不及一”，乃是“脂粉队里的英雄”；只可惜一点——没文化，不识字，和这月季花美艳动人却无品级颇为相似。

“月”，象形字，甲骨文为，金文为，如半月之形，意为月亮。《说文·月部》载：“月，阙也。太阴之精。”月作为一个计时单位，指一个月。

“季”，会意字，《说文·子部》载：“季，少称也。从子，从稚省，稚亦声，居悸切。”本义为幼禾，延伸指大小之

《白鸽月季》　陈兰卿

称。古人称呼兄弟的长幼，以孟、仲、叔、季为序。后来人们将“季”用在植物学上，用“月季”一词来指代一种花，便一直沿用至今。

月季因其每月都开放而得名，是以一年四季开花的月季花和香水月季为亲本，与蔷薇属植物反复杂交，形成的可以一年四季连续开花的杂种品种群的通称。1991年，中国月季协会科技组织曾经为“月季”正名：“月季”泛指现代月季，我国古老月季则定名为“月季花”。月季花在我国的栽培历史悠久，在古代就有长春花、月月红、胜春、斗雪红、瘦客、朋红、四季花、月红、月桂、月贵花、月记、断续花、月月开、月月花、艳雪红、绸春花、月季红、勒泡、月光花、四季春、月七花等很多别称。

我国最早有关月季栽培历史的记载是北宋宋祁的《益部方物略记》。南宋时期，司马温的《月季新谱》也记载了月季的栽植。到了明代有关月季的栽培记载见于李时珍的《本草纲目》、陈继儒的《月季新谱》、王象晋的《二如亭群芳谱》及高濂的《草花谱》等。清朝有关月季的专著更是层出不穷，如刘传绰作《月季群芳谱》、许光照作《月季花谱》、陈葆善作《月季花谱》《月季续谱》、评花馆主撰《月季花谱》等都是记述月季花栽培管理及品种分类的专著。近代，有关月季的专著很多，比较有代表性的有：1959年卢淮甫编著出版的《月季花》；1980年代杨百荔的《月季花》和卢淮甫的《月季培育》；1990年代余树勋的《月季》，介绍了月季的产地分布、品种、生长习性、繁殖技术、栽培方法、育种技术等。舒迎澜在《月季的起源与栽培史》一文中，提出了月季起源于古代蔷薇的见解。2003年，英国出版了《月季科学大典》一书，堪称世界上内容最为翔实的月季百科全书，作为我国唯一参与此书编撰的专家，王国良教授在“月季栽培史”一节中记载了中国月季的起源与发展。

月季花开四季春常在

月季因其具有四季长春、连续开花的特性，历来被文人骚客咏颂赞扬。唐代大诗人李白曾作《赞月季》：“牡丹富贵为春晓，芍药虽盛只初夏。只有此花开不怨，一年独占四时春。”诗中将盛极一时的牡丹、芍药做比较，既不赞牡丹的富贵，也不赞芍药的艳丽，唯独欣赏月季的四季长春。可见当时的文人墨客已经开始关注月季，对其特性加以赞扬，融入赏花人欣赏美好、长春的情感。宋杨万里《腊前月季》诗云：“只道花无十日红，此花无日不春风。一尖已剥胭脂笔，四破犹包翡翠茸。别有香超桃李外，更同梅斗雪霜中。折来喜作新年看，忘却今晨是季冬。”此诗极力赞美月季花“无日不春风”难得的美丽可贵。以“胭脂笔”“翡翠茸”比喻月季花和叶的美丽，十分生动。通过同桃、李的反比以及同梅的正比，突出月季四季花开，其香超桃李、其品格坚强如梅花的特点。描写月季四时常开的诗句还有苏轼的《月季》诗：“花落花开无间断，春来春去不相关。……唯有此花开不厌，一年长占四时春。”宋月季花图纨扇题诗：“花备四时气，香从雁北来。庭梅休笑我，雪后亦能开。”宋代徐积《长春花》诗曰：“谁言造物无偏处，独遣春光住此中。叶里深藏云外碧，枝头常借日边红。曾陪桃李开时雨，

《月季》 陈半丁

《月季花》 陈半丁

仍伴梧桐落后风。费尽主人歌与酒，不教闲却卖花翁。”此诗直接赞美月季花常年开放，让春光常驻。诗中细致地描写月季叶常碧、花常红，春陪桃花、秋伴梧桐的情景，月季花四季常开，为了赏花以致费尽歌与酒，观察不尽，而卖花翁却不能闲着，四时皆有花可卖。元代程文海称赞月季花：“本是尧蓂荚，翻为月月红。”

月季不畏艰难顽强生

月季深受中国人民的喜爱，不仅是因为它花姿优美、花香馥郁、四时常开，更重要的是它顽强生长的姿态象征着国人自强不息、不屈不挠、坚韧不拔的精神风貌。正如苏辙在《所寓堂后月季再生与远同赋》一诗中所描写：“何人纵寻斧，害意肯留卉。偶乘秋雨滋，冒土见微茁。猗猗抽条颖，颇欲傲寒冽。”表现出月季顽强的生命力和敢于与恶劣环境搏斗的精神。月季可以在极其恶劣的环境中生长，北京故宫博物院收藏的清代画家居廉的国画作品《花卉昆虫图之月季》，描绘了一株生长在岩石缝中的月季，不论土地多么贫瘠、虫子如何啃咬，月季依旧枝繁叶茂、花开朵朵。

月季秀逸姣好风韵美

“月”为群阴之本，人们常以“花容月貌”形容女子容貌的姣美。在西方国家，月季、玫瑰和蔷薇，多用rose统称，常被译为“玫瑰”。玫瑰被称为“爱情花”，还被誉为“美神”。希腊神话中，蔷薇花是和美与爱的女神维纳斯同时同地诞生的。传说爱神阿弗洛狄忒为了寻找她的情人阿多尼斯，奔跑在蔷薇花丛中，蔷薇刺破了她的手和腿，鲜血滴在白色的蔷薇花瓣上，花瓣变为红色，红蔷薇也因此成为坚贞爱情的象征和当之无愧的爱情之花。天性浪漫的欧洲人根据这个浑身长满了刚毛、倒刺的“刺玫花”的特性，领悟出“真挚的情感不可轻取、幸福的爱情来之不易”的深刻含义。

【诗情花语】

月季

宋·韩琦

牡丹殊绝委春风，露菊萧疏怨晚丛。

何似此花荣艳足，四时长放浅深红。

【赏析】

这首诗用花中之王、花中君子来反衬月季的常开不衰——牡丹花极其美艳最终也委弃于春风，而傲霜的菊花在萧瑟秋风中竞相开放却难免在萧疏丛中自怨自艾。在诗人心中，牡丹、秋菊都难比月季长开不败，寄托了诗人永葆青春的抱负。

下品

汉字花品

花中之婢

Hanzi Huapin

凤仙

题品直须名最上

在《红楼梦》中，平儿对应的花卉是凤仙花。平儿没有父母和兄弟姐妹，自幼便在王熙凤身边侍奉，后作为陪嫁丫鬟跟着王熙凤来到贾府，是王熙凤的心腹。平儿相貌出众，贾母曾评价她是美人胚子。作为凤姐的心腹丫头，她既忠心又聪明能干，帮助王熙凤处理贾府大大小小的事情，贾府上下对她赞不绝口，夸她做事周到。平儿的另一个身份是贾琏的侍妾，碍于凤姐这个正妻，她不能与贾琏过于亲近，但又不能疏远贾琏，只能在夹缝中小心翼翼地生存。她善良，乐于助人，总是为别人考虑。即使有时候被凤姐欺压，但还是事事维护凤姐；在尤二姐被虐待后，她是唯一付出行动伸出援手的。因为平儿的善良，在贾母误解错怪平儿时，众人都帮平儿解释，替她洗脱不白之冤。在《镜花缘》中司凤仙花的仙子是第四十七名"芙蓉剑"易紫菱。

《凤仙花》　齐白石

《凤仙花》　吴昌硕

“凤”，形声字。繁体为“鳳”，从鸟，凡声。“凤”为传说中的神鸟，雄为凤，雌为凰。“鳳”的甲骨文为，金文为，突出地描绘了凤鸟高冠、花翎、长尾之形。《说文·鸟部》载：“凤，神鸟也。”本义为雄凤。“凤”从“鸟”，表示凤凰属于鸟类，是象征美好、祥瑞的鸟。《礼记·礼运》载：“麟、凤、龟、龙，谓之四灵。”中国古代认为麒麟、凤凰、龟和龙是有灵性的动物，故视之为“四灵”，认为其是祥瑞的象征。

“仙”，异体字为“僊”，会意字，从人，从山。“僊”的右半部分表示爬到高处取鸟巢，寓指升高、登升。《说文·人部》载：“‘僊’，长生迁去。”指人长生不老，升天离去，“仙”，本义指仙人，意为居山上修道的人。据说，修炼成仙，即可长生不老。

凤仙花和古代传说的鸟中之王凤凰有着紧密的联系，人们一见凤仙花就会联想起凤凰。因凤仙花的善变和“不能详其所以”，故命以“仙”字。凤仙花又名“金凤花”，也是因其形状像凤凰，清代园艺学家陈淏子的《花镜》记载：“花形宛如飞凤，头、翅、尾、足俱全，故名金凤花。”康熙四十七年汪灏修订的《广群芳谱》中也有记载：“桠间开花，头翅尾足具翅，形如凤状，故又有金凤之名。”明代王象晋《二如亭群芳谱》载：“凤仙一名海蒳，一名旱珍珠，一名小桃红。”明代吴彦匡所著《花史》中载：“宋光宗李后小字凤娘，宫中避讳，呼凤仙为好女儿花。”清代赵学敏著有《凤仙谱》一书，对凤仙花进行了系统而科学的论述，是关于凤仙花非常有价值的专著之一。

凤仙花属凤仙花科凤仙花属一年生草本植物。花期为每年6—8月，果期为每年7—9月。凤仙花植株高约60～100厘米，茎肥厚多汁而且较光滑。单叶互生，最下部叶有时对生；叶片呈披针形、狭椭圆形或倒披针形，基部楔形，边缘有锐锯齿。花朵较大，单朵或数朵簇生于上部叶腋，或呈总状花序状，有白、粉、红、紫或杂色，有时花瓣有条纹和斑点。种子数枚至多枚，呈黄褐色，圆形，较小，种皮光滑，种子成熟时易自行爆裂，将种子弹出，自播繁殖，故采种须及时。凤仙花喜温暖湿润气候，耐热，不耐寒和霜冻。凤仙花对环境要求不高，常生长于疏松肥沃微酸土壤中，也能够耐瘠薄。凤仙花适应性非常强，移植易成活，生长繁殖速度迅速，生命力极强。

《凤仙花》　齐白石

“指甲花”是凤仙花的别名，得此别名是因为凤仙花可以用作染手指甲和脚趾甲的颜料。早在宋代周密的《癸辛杂识》中便有详细记载：“凤仙花红者用叶捣碎，入明矾少许在内。先洗净指甲，然后以此敷甲上，用片帛缠定过夜。初染色淡，连染三五次，其色若胭脂，洗涤不去，可经旬，直至退甲，方渐去了。”明代诗人严易《凤仙花》诗曰：“闲摘秋花捣蝉蜕，殷红醮甲玉掺掺。”佳人闲来无事，便去采摘凤仙花并与蝉壳一起捣碎，用来染指甲，被凤仙花染得殷红的指甲和佳人的纤纤玉手相互映衬，显得分外娇美。因此，凤仙花成为人们喜爱的花卉之一，在中国花文化中占有重要的地位。

《凤仙花》　齐白石

凤仙花是祥瑞的征兆

凤仙花因其形状与凤凰相似，因此得名“金凤花”。凤凰在我国传统文化中是百鸟之王，常用来象征祥瑞。凤仙花在古代诗词中经常被用来象征凤凰，如明代诗人瞿佑的《凤仙》诗云：“高台不见凤凰飞，招得仙魂慰所思。”这里诗人把凤仙花看作凤凰的化身，人们不曾看到凤凰从高处飞过，便通过观赏凤凰仙魂所化的凤仙花，以慰藉对凤凰的思念之情。自然，凤仙花开便意味着凤凰飞来，凤仙花也就具有了祥瑞的内涵。元诗四大家之一范椁的《金凤》诗曰：“夏雨要将苏众槁，朝阳端已瑞先鸣。”夏季高温干旱，许多树木和花卉都面临缺水的状况。一场夏雨带来了清凉，滋润百草众木。凤仙花在夏季开花，如同凤凰在朝阳初升时高鸣而来，给草木带来雨水，给世界带来祥瑞。

凤仙花具有媚而不骄的品性

凤仙花是古代女子用来装饰指甲的材料，不仅在实用角度上能令美人变得漂亮，而且其自身的形状也是非常妩媚的。宋代诗人徐致中《金凤花》诗曰：“鲜鲜金凤花，得时亦自媚。”元代程棨在《三柳轩杂识》中更是直接称凤仙花为媚客。宋代袁燮的《凤仙花》诗云：“凤仙窈窕姿，阶前为谁容。浅深十八本，形貌各不同。”诗中把随处成丛的凤仙花比作一群巧笑倩兮、美目盼兮的美丽女子。凤仙花虽然妩媚，但却不娇气，而是顽强地生存着，这种性格却被人们忽视看轻。宋代张耒《菊诗》有“金凤为婢妾，红紫徒相鲜”之句，把凤仙花当作菊花的婢妾，因此凤仙便有了“菊婢”的别名。北宋晏殊《金凤花》诗云：“题品直须名最上，昂昂骧首倚朱栏。”晏殊不满“菊婢”这个称号，认为不能因为凤仙花被种植在偏僻地方就将其评为下品，而应该重新题品，昂首的凤仙花是可以和雍容华贵的牡丹相提并论的。范椁《金凤》诗曰：“勿云小草精神短，每论韶箫记尔名。”人们谈及雅乐时都会提到凤仙花，金凤花开，韶箫声来。虽然凤仙花不在正品之列，但其如小草般的精神和韵味却永远地留在人们心中。

凤仙花具有顽强坚韧的性格

凤仙花生命力顽强，传播种子时通过自力更生的方式——其果实成熟时外壳自行爆裂，将种子弹出，自播繁殖，因此凤仙花有“不要碰我”的花语。凤仙花这种不挑剔、易生长的特点使其具有顽强坚韧的性格。明代刘基《感寓》诗云：“庭前金凤花，向晚争媚妩。但见白露滋，岂知繁霜苦。”凤仙花在晚上妩媚地开放了，人们只看到它被露水滋养，却不知其也正经受着风霜的摧残。宋代张镃《金凤花》诗曰：“彩凤连翩小作群，萧条门巷独留春。莫因繁冶生轻鄙，岁岁花开见主人。”各色的凤仙花在萧条的门巷中接连地开放着，犹如金凤在翩翩飞舞。不要因为凤仙花在简陋的地方生长就看轻它，正是因为它的生命力顽强，才能够年年开花供人欣赏。凤仙花忍受风霜、顽强生长的品格也得到了毛泽东的赞美，他曾作《咏指甲花》：“渊明爱逸菊，敦颐好青莲。我独爱指甲，取其志更坚。”陶渊明爱菊花的隐逸，周敦颐爱莲花的高洁，毛泽东爱指甲花的志坚，可见凤仙花一直都是文人墨客们吟咏歌颂的对象。

【诗情花语】

凤仙花

唐·吴仁璧

香红嫩绿正开时，冷蝶饥蜂两不知。

此际最宜何处看？朝阳初上碧梧枝。

【赏析】

香艳的红色凤仙和娇嫩的碧色水仙都在盛开着，受了一夜凉的蝴蝶和饿了一宿的蜜蜂却对此毫无所知。一、二句为全诗的第一层，是对自然景物的实描写，也是诗人在主观上的刻意追求。后两句为全诗的第二层，说明了在何处赏凤仙花为最佳地点，诗人将凤仙花比喻为与梧桐做伴更显美丽高贵的凤凰，饱含诗人美好的寄托。

诗人用凤仙、梧桐比喻仁人君子，用冷蝶、饥蜂比喻追名逐利的俗人，以朝阳初上而无蝶舞蜂喧的幽谧景致寄托自己不愿趋炎附势、孤高避世的隐逸之情。

蔷薇

清香往往生遥吹

在《红楼梦》中，龄官本是姑苏人士，因元妃省亲，贾府派贾蔷去姑苏采买了十二个女孩子回来学戏，龄官便是其中之一。来到贾府后，她住在梨香院学戏，学的是小旦。作为大观园里地位最低下的优伶，龄官有着“眉蹙春山，眼颦秋水，面薄腰纤，袅袅婷婷，大有林黛玉之态”的美貌，也有着林黛玉的清高和敏感的性格。她受封建礼教思想束缚较少，有风姿傲骨，在元妃省亲时，她执意要演《相约》《相骂》两出本角戏，而不是一味讨好元妃和贾府，展现了倔强执拗的一面。她与贾蔷相好，端午那天，蔷薇架下，她用金簪在地上画“蔷”，写了几十个像是痴了一般，被骤雨淋湿尚不知觉，把局外人宝玉都看痴了。《镜花缘》中司蔷薇花的仙子是第四十九名“广寒月”常红珠。

蔷，形声字，从艸，啬声。“艸”，指草木植物。“啬”

《情侣鹦鹉》　陈兰卿

有小气之意，意寓尖酸。“啬”，味辛，有刺激性气味。《尔雅·释草》载：“啬，虞蓼。”指生长在水边的植物。

薇，形声字，从艸，微声。“微”意为微小。《说文·艸部》载：“薇，菜也，似藿。”许慎说，“薇”是菜中最微小的。

“蔷”本义指蓼属中的几种植物，类似于路边不起眼的小野花。“薇”的本义是野豌豆，属小巢菜或者与其近缘的物种。蔷薇不是“蔷”和“薇”。清代吴其濬的《植物名实图考》蔓草类中有“营实、墙蘼”的记载：“营实、墙蘼，《本经》上品。《蜀本草》云，即蔷薇也。”李时珍《本草纲目·草七·营实墙蘼》载：“此草蔓柔，蘼依墙援而生，故名蘠蘼。”“蘠”在现代汉语中就是蔷薇的意思，因此是“蔷”取代了“蘠”，蔷薇就是“蘠蘼”。夏纬瑛在《植物名释札记》中记载：“今薇之薇，当从鑶义，亦示其植物之多钩刺耳。”关于蔷薇的记载最早可追溯到成书于汉末的药物学专著《神农本草经》和陶弘景《名医别录》中的“营实”，营实是蔷薇的果实，具有药用价值，可见蔷薇早期是作为药用植物被人熟知的。从魏晋南北朝开始，蔷薇因其花色艳丽、花朵丰硕的特点，在园林中被广泛栽植，观赏价值

《蔷薇》　陈树人

被发掘。明代王象晋在《二如亭群芳谱》中记载了朱千蔷薇、荷花蔷薇、五色蔷薇等诸多品种，清代陈淏子在《花镜》中也对蔷薇进行了详细的描述。

蔷薇花是蔷薇科蔷薇属的攀缘灌木。小枝圆柱形，通常无毛，有短、粗稍弯曲皮束；叶互生，奇数羽状复叶，小叶片倒卵形、长圆形或卵形；植株丛生，茎具蔓性，多刺。花多朵密集呈圆锥形，伞房花序；花瓣白色或略带粉晕，花柱结合成束；果近球形，红褐色或紫褐色，有光泽。蔷薇花芳香，花期为每年5—6月。蔷薇喜阳光，亦耐半阴，较耐寒；对土壤要求不严，耐干旱，耐瘠薄；不耐水湿，忌积水。蔷薇具有极高的药用价值，《神农本草经》记载："营实味酸，温。主治痈疽、恶疮、结肉、跌筋、败疮、热气、阴蚀不瘳，利关节。"《名医别录》中也有"久服轻身益气"的说法。不仅在古代，现代的著作《上海常用中草药》中也有类似的记载："清暑热，顺气和胃，解渴，止血。"《现代实用中草药》一书中也讲蔷薇花有"芳香健胃，可做粥用，并具补胃清暑、止血止痢的作用"。

在宋代张翊的《花经》中，蔷薇位列"七品三命"，在百花中品级偏下。到了清代李汝珍的《镜花缘》中，蔷薇花位于"十二婢"，地位更是低下。据《贾氏说林》记载："（汉）武帝与丽娟看花时，蔷薇始开，态若含笑。帝曰：'此花绝胜佳人笑也。'丽娟戏曰：'笑可买乎？'帝曰：'可。'丽娟遂取黄金百斤，作买笑钱奉帝，为一日之欢。"自此，蔷薇花也被称为买笑花。在江南一带，蔷薇生长在荒郊野外，故又被称为"野客"。《本草纲目》也有记载："其茎多棘刺，勒人，牛喜食之，故有山刺、牛勒诸名。"花团锦簇的蔷薇花姹紫嫣红地开放着，好像用云彩织成的锦被，因此也有"锦被堆"之称。"玉鸡苗"也是蔷薇的别名，此典故出自宋人陶谷的《清异录》："东平城南许司马后圃，蔷薇花太繁，欲分于别地栽插。于花根下掘得一石如鸡，五色灿然，遂呼蔷薇为玉鸡苗。”成语“抱蕙兰芬，吐蔷薇刺”用来形容文人抱济世之情怀，作刺世之文章。

蔷薇花之色斑斓

蔷薇花花色繁多，有红色、白色、粉色、黄色、紫色等。南北朝谢朓《咏蔷薇》诗云：“发萼初攒紫，余采尚霏红。”蔷薇花的蓓蕾是紫色的，开放之后就变成很红的颜色。唐代皮日休《重题蔷薇》的“浓似猩猩初染素，轻如燕燕欲凌空”和宋代赵与滂《花院》的“蔷薇性野难拘束，却过邻家屋上红”都吟咏了蔷薇花猩红的颜色。唐代章孝标《刘侍中宅盘花紫蔷薇》有“真宰偏饶丽景家，当春盘出带根霞”之句，把紫蔷薇比作一朵朵灿烂的云霞。明代诗人张新《黄蔷薇》诗云：“并占东风一种香，为嫌脂粉学姚黄。”蔷薇不喜欢脂粉，愿以淡妆示人，因此就学习牡丹的珍贵品种姚黄，以浅黄的颜色盛开。皮日休《虎丘寺西小溪闲泛三绝》诗云：“高下不惊红翡翠，浅深还碍白蔷薇”，描写了白色蔷薇的美好。

《花鸟》 溥心畬

蔷薇花之香醉人

蔷薇花香气浓郁，从其花瓣提取出的芳香油比黄金价值还高。谢朓《咏蔷薇》诗云：“低枝讵胜叶，轻香幸自通。”蔷薇花的花香四溢是“自通”，自身花香需要足够浓厚才能不依靠风的传播而自散四方，其香可谓馥郁！唐代杜牧《蔷薇花》诗云：“朵朵精神叶叶柔，雨晴香拂醉人头。”雨过天晴，空气格外清新怡人，这时，一阵蔷薇花香飘来，使闻者似喝多了酒般醉了。陆龟蒙《蔷薇》诗云：“清香往往生遥吹，狂蔓看看及四邻。”蔷薇花的清香在远处便可闻到，十分诱人。皮日休《奉和鲁望蔷薇次韵》诗云：“红芳掩敛将迷蝶，翠蔓飘飖欲挂人。”芳香四溢的蔷薇花迷住了蝴蝶，使其沉醉在花香中不愿离去，诗人通过描写蝴蝶的状态展现出了蔷薇的花香之浓郁醉人。

蔷薇花之态娇美

蔷薇依靠柔软而蔓生的枝条攀缘而生，绿叶与花相映，美丽动人。梁朝简文帝萧纲曾作《看摘蔷薇》诗：“横枝斜绾袖，嫩叶下牵裾。墙高攀不及，花新摘未舒。莫疑插鬓少，分人犹有余。”诗人描绘了一幅“姬女蔷薇图”，美人喜爱蔷薇花，便将其采摘作为发饰簪于云鬓之上，美人与花相互映衬，花更娇美，人更动人。唐代陆畅《蔷薇花》诗云：“莫引美人来架下，恐惊红片落燕支。”意为不要把美人引到蔷薇花架下，美人见到蔷薇花，脸上的脂粉会因吃惊而脱落，诗人以此突出蔷薇花的美艳。唐朝女诗人李冶《蔷薇花》有“翠融红绽浑无力，斜倚栏干似诧人”之句，意为刚刚绽放的蔷薇花犹如纤细柔弱的俊俏姑娘，斜倚在栏杆上，面露惊异之色，惊诧于花的艳丽。

《蔷薇》 佚名

蔷薇花之品淡雅

唐诗人李建勋《蔷薇二首》中云：“裛露早英浓压架，背人狂蔓暗穿墙。”蔷薇花即使承受着早晨的露水把它压在花架上的压力，仍然积蓄力量，趁人不注意就努力蔓延穿出墙去，显示出强大的生命力和顽强的性格。不过蔷薇更像一个隐士，处闹市之中而不自染，处幽隐僻处而不抱怨，凭淡泊以明志、宁静以致远的心态生长着。谢朓曾作《咏蔷薇》诗：“新花对白日，故蕊逐行风。参差不俱曜，谁肯眄微丛？”面对着太阳，新开的蔷薇花展现出勃勃生机，在风的吹拂下，枯萎的花朵凋零了。蔷薇花开放的时间不一致，有谁愿意观赏它呢？蔷薇花在春天开放时不与春天的桃花、牡丹争奇，夏天时也不与莲花斗艳，而是依照自己的规律，静静地散发着芳香。

【诗情花语】

蔷薇花

唐·杜牧

朵朵精神叶叶柔，雨晴香拂醉人头。

石家锦幛依然在，闲倚狂风夜不收。

【赏析】

蔷薇花花朵精神，枝叶柔软，雨过天晴后花香浓郁如美酒，令人沉醉其中。蔷薇怒放，灿如锦绣，就像当年石崇设置的五十里锦步障，在狂风暗夜里仍然悠闲从容，盛开依旧。

诗人首句写蔷薇花的柔，第二句写其香。第三句引用《世说新语》中“石崇斗富”的典故，把成排的蔷薇看作是五十里锦步障一样华丽奢侈，既写出蔷薇花的美，还表达出世间种种终将化为烟云的感慨。第四句写蔷薇的精神，一个“闲”字，描绘出了蔷薇不怕狂风和黑夜的倔强坚韧的品质。

梨花

玉作精神雪作肤

“欲洁何曾洁，云空未必空。可怜金玉质，终陷淖泥中。”这是《红楼梦》中妙玉的判词。妙玉是《红楼梦》中金陵十二钗正册第六位，她本是苏州读书仕宦人家的小姐，因自小多病，三岁时便在玄墓蟠香寺带发修行。十七岁那年，妙玉随师父进京住在西门外牟尼院。师父圆寂时留下遗言说她“衣食起居不宜回乡”，让她在京静居，等待结果。王夫人被妙玉的佛学修为所折服，因而下帖请她进贾府，入住大观园栊翠庵。妙玉天赋聪慧，资质不凡，在大观园一众才女中绽放着独有的光彩。她茶艺精湛，与贾府四春的琴棋书画并称绝艺；她续写的中秋诗，被湘云和黛玉赞赏有加；她打理的栊翠庵花木也得到了贾母的肯定。妙玉重视自我心性的修养，心性高洁，因而曲高和寡，不能被大多数人所理解。在爱情上，她虽已入佛门，但却对宝玉动情，芳心

《梨花》 陈兰卿

暗许。一生傲岸的妙玉最终被贼寇劫去下海，陷在最肮脏污秽的泥淖中，惨遭迫害玷污，命运悲惨。《镜花缘》中司梨花的仙子是第九十一名“荆山璧”吕瑞蓂。

“梨”，形声字，从木，利声。《说文·木部》载：“棃，果也。”本义为梨树，也指梨树的果实。“梨”为“棃”的俗字，本义为木名，现指落叶乔木或灌木及其果实。先秦时期，梨以野生梨为主，在《诗经》中被称为“杜”“甘棠”“檖”，如《唐风·有杕之杜》：“有杕之杜，生于道左。”《诗经·甘棠》诗云：“蔽芾甘棠，勿剪勿伐。”《秦风·晨风》诗云：“山有苞棣，隰有树檖。”春秋战国时期，诸子百家的著作中已提到“梨”。《庄子》中记载“夫树柤梨橘柚者，食之则甘，嗅之则香”，《管子·地员篇》也有“五沃之土，其阳则生柤梨”的记载。南朝郑缉之编写的《永嘉郡记》中记载“青田村人家多种梨，有一株名曰官梨，大一围五寸，恒以供献，名为御梨”，证明此时梨已被作为贡品。宋代张翊在《花经》中，将梨花列于“五品五命”，而在明代王象晋的《二如亭群芳谱》中则将其列为“四品六命”，虽然都不居于上品，但是梨花却始终得到文人墨客和普通民众的喜爱。

梨是蔷薇科梨属乔木或灌木，属于被子植物门双子叶植物纲蔷薇科苹果亚科。叶片多呈卵形，大小因品种不同而各异。叶圆如大叶杨，干有粗皮外护，枝撑如伞。春季开花，花为白色，或略带黄色、粉红色，有五瓣，具有浓烈香味。果实形状有圆形的，也有基部较细尾部较粗的，即俗称的“梨形”。梨的果实通常用来食用，不仅味美汁多，甜中带酸，而且营养丰富，含有多种维生素和纤维素，不同种类的梨味道和质感都有区别。梨既可生食，也可蒸煮后食用。在医疗功效上，梨可以通便、利消化，梨果治热咳，切片贴之治火伤；捣汁内服润肺凉心，解疮毒、酒

《梨花》 佚名

毒。梨花能去面黑粉刺；梨叶煎服，可治风寒和小儿寒疝；梨树皮能除结气咳逆等症，是一种极佳的药物。

梨花开放时节与寒食和清明节相连，春分时节，梨花盛开，有文人墨客便相聚在梨花树下，吟诗作赋，或表达思乡怀旧之情，如唐代崔道融《寒食夜》诗云：“满地梨花白，风吹碎月明。大家寒食夜，独贮望乡情”。或表达灵动冷艳之情，如宋代赵文《阮郎归·梨花》词曰：“冰肌玉骨淡裳衣，素云翠枝。一生不晓谪仙诗，雪香应自知”；绘画也多以梨花为题材，如宋代李延之有《梨花鲤鱼图》，元代钱选有《梨花图》。除此之外，梨和梨花也作为成语或者日常生活中的俗语被广大人民群众使用，如“哀梨蒸食”用来讥讽无知的人不识好歹，稀里糊涂糟蹋好东西；“一树梨花压海棠”是苏轼用来调侃好友张先在八十岁时迎娶十八岁小妾，是“老牛吃嫩草”的委婉说法；“梨花带雨”出自唐代白居易《长恨歌》“梨花一枝春带雨”，用来形容杨贵妃哭泣之姿态，后用来形容女子的娇美。

梨花是美人的姿态

梨花洁白如雪，好比女子洁白的皮肤，加之其艳而不妖，因此常被用来形容美女。李白《宫中行乐词》中“柳色黄金嫩，梨花白雪香”和苏轼《菩萨蛮·回文春闺怨》中“细花梨雪坠，坠雪梨花细”之句都描绘了梨花颜色之白。梨花多被用来形容杨贵妃的美丽，除了白居易的《长恨歌》外，北宋李新《梨花》诗云：“太真欲泣君王羞，一枝带雨春梢头，年来乐府不栽种，淡月青烟无处求。”金末元好问也有《梨花》一诗：“梨花曾比太真妃，别有风流一段奇。白雪为肌玉为骨，淡妆浓抹总相宜。”太真即指杨贵妃，都是将梨花比作杨贵妃，直言杨贵妃的美丽。梨花也泛指美貌的女子。白居易《江岸梨花》诗曰：“最似孀闺少年妇，白妆素袖碧纱裙。”诗人将梨花比作顾影自怜的闺中少妇，她素颜淡妆，身着白衣碧纱裙，楚楚动人，令人顿生怜爱之心。元好问非常喜欢梨花，为后世留下了十余首吟咏梨花的诗词。其中，《梨花》诗云：“梨花如静女，寂寞出春暮。春色惜天真，玉颊洗风露。”将梨花比作娴静优雅的女子。

《梨花》　佚名

梨花是高洁的君子

梨花又称“梨雪”，因为梨花在开放时颜色玉洁无瑕，花瓣又小，像雪花一般晶莹剔透，故得此名，梨花也因此被当作是纯洁的花朵。梨花洁白纯净的颜色使它得到了“以玉为神以雪作肤”的评价，而梨花不与群芳争奇斗艳，只是默默吐露芳香的特点更是被文人雅士赞赏有加，被当作是高洁君子的象征。元代丘处机曾作《无俗念·灵虚宫梨花词》：“浑似姑射真人，天姿灵秀，意气舒高洁。万化参差谁信道，不与群芳同列。”词中将梨花比作天资不俗、高洁、不与群芳同列的姑射真人，表现了梨花高洁旷达的品性和不屑于争抢的清风傲骨。梨花的高洁不仅体现在颜色上，还体现在它从不刻意雕琢、招摇过市而是宠辱不惊、洁身自好的品性上。宋代黄庭坚《次韵梨花》诗云：“桃花人面各相红，不及天然玉作容。总向风尘尘莫染，轻轻笼月倚墙东。”桃花艳丽，但不及梨花高洁淡雅，自然天成。梨花多种植在街头巷尾，来来往往的行人络绎不绝，即使置身于风尘和闹市之中，梨花也能洁身自好，不染尘埃。诗人将桃花和梨花对比，突出了梨花的高洁品格。

梨花象征着离别相思之情

“梨”与“离”谐音，而且梨花又是白色的，在中国古代，“梨”表示离别、离散。唐代韩愈《赠刘师服》中有“妻儿恐我生怅望，盘中不饤栗与梨”之句。唐代韦庄有《应天长》词：“别来半岁音书绝，一寸离肠千万结。难相见，易相别，又是玉楼花似雪。　暗相思，无处说，惆怅夜来烟月。想得此时情切，泪沾红袖黦。”离别半年却无书信往来，词人心中愁肠寸断，离别容易相见难，今年的梨花和往年一样如雪一般地盛开着，并不因为离别而凋零。惆怅的夜晚，眼前盛开的梨花使词人更加思念远方之人，离别后的刻骨思念勾起相思之泪，情不能止而“泪沾红袖”。唐代白居易《寒食野望吟》诗云：“棠梨花映白杨树，尽是死生别离处。冥冥重泉哭不闻，萧萧暮雨人归去。”棠梨花掩映着白杨树，这都是生死离别的地方。亡者在昏晦的黄泉中听不到人们的哭声，来祭奠的人在傍晚潇潇的雨声里回去了。子欲养而亲不待，诗人借梨花表现出人世间最令人悲痛的生死永别。因“梨”与“离”谐音，因此吃橘子时可以分着吃，“梨”则不能分食，分着吃意味着分离，是忌讳之事。

《梨花》　陈兰卿

【诗情花语】

咏池上梨花

南朝·王融

翻阶没细草，集水间疏萍。

芳春照流雪，深夕映繁星。

【赏析】

梨花飘落阶下，落于细草之中，飘落在水面上，混杂于浮萍之中。梨花、细草、溪水、浮萍这些春意盎然的景物共同展示着春天的色彩和气息。而“没”“间”二字不仅写出了梨花飘落的状态，更是为下文埋下伏笔。

春天，片片梨花如同飘落的白雪，“没”了阶前的细草；深夜，白装素裹的梨花犹如万点寒光和满天繁星映衬着，交相辉映在溪水中，“间”了水面上的疏萍。诗人抓住梨花的特点，用白雪、繁星等景物作为陪衬，写出了梨花的美丽，表达了诗人对梨花的喜爱之情。

李花

花光月色两徘徊

诗仙李白是唐代的大诗人，他的诗歌清新飘逸，豪迈奔放，童叟皆会背诵，他的名字更是家喻户晓，人尽皆知。在他出生时，他的父亲李客和母亲月娃为给他取名费了许多心思，可都不满意。于是，李客便想了一个办法：让李白在抓周那天自己决定。一转眼，到了李白一周岁的生日，这天他们在桌子上摆放了尺子、算盘、食物和《尚书》《诗经》等许多东西，月娃把李白放在桌子上，李白看了看，抓起了《诗经》。李客高兴极了，认定儿子长大后，一定是个诗才，但他还是不知道取什么名字好，只好一拖再拖。快七岁的李白该上学念书了，在学校不能没有名字呀，李客有点着急了。刚好是李花盛开的时节，李客见李花摇曳，诗句便吟咏而出：“春风送暖百花开，迎春绽金它先来。”月娃续道：“火烧杏林红霞落。”聪明的李白手指着门外满树白

《李花》　曹大瑞

色的李花，马上接口道：“李花怒放一树白。”李客听了认为李白续的诗句绝妙，且比前三句更好。这句诗第一个字“李”，正是自家的姓，最后一字“白”，是说李树高洁。于是就给儿子起名“李白”。

“李”，果也，会意字，从木，子声。“木”为树木，“子”为子孙，也表示果实，“木”“子”即树木结子。《说文·木部》载：“李，果也。”李，由“十”“八”“子”组成；“十”表示圆满、十全十美之意，寓意达到顶点；“子”表示子孙后代；“李”寓意子孙旺盛。李是一种春天开白花的落叶乔木，在夏季结酸甜果子。《诗经》中有不少关于“李”的歌咏，如《小雅·南山有台》诗云：“南山有杞，北山有李”，此处中的“李”就是本义；《大雅·抑》诗云：“投我以桃，报之以李”，其中“李”指的是李树的果实。《管子·法法》载：“皋陶为李，后稷为田。”这里“李”为通假字，通“理”，是指狱官。《史记·天官书》中载：“荧惑为李。”这里“李”是指星名，即火星。现今“李”主要用作姓氏。在宋代张翊著的《花经》中，李花位列五品五命。

李花是李树的花朵。李树是蔷薇科李亚科李属灌木或乔木植物。分枝较多，顶芽常缺，腋芽单生，卵圆形，有数枚覆瓦状排列鳞片。单叶互生，幼叶在芽中为席卷状或对折状；有叶柄，在叶片基部边缘或叶柄顶端常有2处小腺体，托叶早落。白花，虽小而繁茂，素雅清新，花单生或2～3朵簇生，具短梗，先叶开放或与叶同时开放；有小苞片，早落。花期因地区和具体品种而异，通常南方为每年3月，秦岭—淮河以北为4—5月。果实呈黄色或深红色。李树对气候的适应性强，土壤只要土层较深，有一定的肥力，不论何种土质都可以栽种。对空气和土壤湿度要求较高，极不耐积水，果园排水不畅常导致烂根、生长不良或发生各

《李花》 居廉

种病害。李子具有清热解毒、活血化瘀、止痛、利水等功效。

李树和桃树的栽培历史大概从周代便已开始，因此李花与桃花在中国文学史中经常并称，是美好事物的代表。《诗经·召南·何彼襛矣》有“何彼襛矣，华如桃李”，魏晋曹植《杂诗》中有“南国有佳人，容华若桃李”，宋代黄庭坚《寄黄几复》中亦有“桃李春风一杯酒，江湖夜雨十年灯”等词句。人们用“投桃报李”比喻友好往来或互相赠送东西；用“李代桃僵”来比喻以此代彼或代人受过；“桃李满天下”则比喻学生很多，各地都有；“春风桃李”比喻学生受到良师的谆谆教诲；“门墙桃李”比喻所栽培的后辈或所教的学生。在我国的戏剧中，李花是戏子伶人的代表。在汤显祖的《牡丹亭·寻梦》中有一段杜丽娘的唱词，曲牌为“嘉庆子”，“嘉庆子”即李花的别称，由此李花成为因情而亡的戏子伶人的代名词。《陶庵梦忆》中的女伶朱楚生、《石间房蛾木堂随笔》中的杭州女伶商小玲，她们和杜丽娘生活在不同的时代，经历不同的人生，但却有着相似的命运：在戏台上唱尽悲欢离合，华丽绚烂；在戏台下却为情而死，如凋零的李花零落成泥。李花早期和桃花是并列的关系，但不知什么时候开始，李花便被掩盖在桃花的光芒之下，成为桃花的陪衬，但是李花以其洁白淡雅，开花时犹如满树香雪的妙姿得到了人们的喜爱。

李花具有纯净的品性

李花的花色洁白，纯净如雪，因此人们将其看作纯洁和纯净的象征，诗人们也不遗余力地夸赞它。唐代诗人韩愈在《李花二首》中用富有想象力的诗句将李花冰清玉洁的风姿描绘得淋漓尽致：“当春天地争奢华，洛阳园苑尤纷拏。谁将平地万堆雪，剪刻作此连天花。”李花开放在春天，洛阳城里的庭园中百花争艳。诗人游园之时，看见树上的李花洁白，便将其比作用雪剪成的天花，和岑参的“忽如一夜春风来，千树万树梨花开”有异曲同工之妙，极富气势。宋代杨万里有《山庄李花》：“山庄又报李花秾，火急来看细雨中。除却断肠千树雪，别无春恨诉东风。”山庄的李花今年又开得很茂盛，诗人怀着极大的热情和期待，冒雨前往观赏。这满树开放的李花就是悲伤断肠的雪

《李花》 曹大瑞

花，除此之外，没有什么东西可以向东风诉说春天的遗恨。韩愈的诗流露出诗人见到李花时的一片欣喜之情，而杨万里的诗却是借用李花诉说悲苦之情。两首诗虽然表达的思想情感不同，但都以雪喻李花，写出了李花的洁白无瑕。

李花具有淡雅的志趣

东晋道教学者葛洪所著的《神仙传》记载了关于老子姓名的来历："老子之母，适至李树下而生老子，生而能言，指李树曰：'以此为我姓'。"老子便名叫李聃，与李花结下了不解之缘，李花也被绘上了道教色彩，具有淡雅的品性。北宋司马光有《李花》诗："色与晴光乱，香和露气匀。望中皆玉树，环堵不为贫。"在阳光下，李花的洁白花色似晴光一般，香味也在露水中均匀地散发着。放眼望去，开满李花的李树化作玉树，即使诗人身处狭小简陋之地，也不觉得贫寒。这都是因为李花的"园林淡泊春"，在百花争艳的春天，李花淡泊处之，不与百花争春。苏轼《李》诗云："不及梨英软，应惭梅萼红。西园有千叶，淡伫更纤秾。"短短二十字写出了李花超尘脱俗的品格。西园之中的李花千朵万朵簇拥在枝头上，虽然没有梅花娇艳的姿色和梨花的柔软，但却清淡高雅，以独特的形象装扮着春天。

李花具有团结的胸襟

李花的花期十分短暂，被称为"半月之美"，但枝头的李花千万朵簇拥着一同开放，也一同凋谢。唐代诗人陆希声《阳羡杂咏十九首·李径》诗云："一径秾芳万蕊攒，风吹雨打未摧残。"李花被风吹雨打都没有凋零，除了繁盛之外还因为它们力气往一处使的团结。宋代杨万里《李花》诗曰：“李花宜远更宜繁，惟远惟繁始足看。”距离太近无法欣赏李花满树摇曳、密密簇拥着的花朵风采，因此应该在花朵盛开时远距离地进行观赏，也只有在这样的情况下，诗人才愿意停下脚步观赏，享受团结的李花带来的美。明末清初的文学家褚人获在《隋唐演义》中记载了隋炀帝眼中的李花：“奇花满树，异蕊盛枝，就如琼瑶造就珠玉装成，清阴素影，掩映得满院祥光万道，瑞霭千层。”李花花开满树，如同层层叠叠的珠玉，茂盛的李花齐心协力带来旺盛的祥瑞之气使满院似有万道祥光，千层祥云。

李花具有感恩的情怀

《诗经·大雅·抑》云：“投我以桃，报之以李。”这是成语“投桃报李”的由来，体现了知恩图报的传统美德。有民间传说，李姓的始祖为皋陶。皋陶在尧手下任职“大理”，主管司法。他的子孙世袭大理的职务，历经虞、夏、商三代，并以官职为姓，被人称为“理氏”。商朝末年，皋陶的子孙理征因刚正不阿、执法如山得罪了暴君商纣王而被处死，理征的妻儿迫不得已离国去家逃亡。逃亡途中，饥寒交迫，全靠摘食李子充饥才得以活命。为了纪念这段蒙难的历程，感谢李子的救命之恩，于是将“理”姓改为“李”，遂出李氏。

【诗情花语】

阳羡杂咏十九首·李径

唐·陆希声

一径秾芳万蕊攒，风吹雨打未摧残。

怜君尽向高枝发，应为行人要整冠。

【赏析】

李花开得茂盛，万千花蕊相互簇拥，被风吹雨打却没有凋零，依旧盛放。“秾”字写出了李花的茂盛，“攒”字写出了李花的凝聚与生机勃勃，前两句为此诗的第一层，写出了李花盛放时的繁荣景象和顽强的生命力。

后两句承接前文，转向对李花品格的歌咏。李花尽发高枝地生长，是为了与人方便、处处为人着想，以免行人在树下整冠而惹上偷盗的嫌疑——李花美好高尚的形象跃然纸上，也启示人们应该积极乐观，不怕艰难险阻，助人为乐。

木香

替取秋兰纫佩好

“细剪冰蘼屑麝台，双含风露落琼瑰。分明洗砚匀笺侧，长见笼香翠袖来。”清代光绪年间，李慈铭任山西道监察御使。相传在某天夜里，他因为感染风寒，肠子咕噜咕噜地叫着，出现腹泻的症状，觉得全身不适。第二天天刚蒙蒙亮，李慈铭就派人去请城中的名医过府问诊。白须大夫很快就来到了李府，询问并确定了李慈铭的病情后，从自己的医药箱中取出一瓶药丸，让病人配浓米汤服下。服下药丸后，李慈铭的腹泻很快就止住了，两天后，便生龙活虎，完全康复了。李大人对医好自己的药丸非常好奇，便询问大夫是什么药。大夫回答道：“药丸是由木香的根部和黄连一起碾制而成的，这种叫木香的花木有行气止泻、实肠止泻的作用，在大人你的洗砚池旁就生长着此花。”李慈铭是著名的文学家，看着具有药用价值又似白丝缎织就的瀑布一般的木香

《木香》　皮埃尔-约瑟夫·雷杜德

花，大为欣喜，兴奋之际写下了开头那首诗。在《镜花缘》中司木香花的仙子是第四十六名“采桑女”姚芷馨。

“木”，象形字。“木”的本义是树木。《说文·木部》载：“木，冒也，冒地而生。东方之行，从草，下象其根。”《说苑·善说》载：“山有木兮木有枝。”意思是说山上有树，树上有枝叶。“香”，会意字，从黍，从甘。“黍”为粮食作物；“甘”意味道美好。《说文·香部》载：“香，芳也。”“香”为气味芬芳之意。

“木香”一词最早见于唐代医学家孙思邈的医书中：“木香，味辛温，无毒主邪气，辟毒疫，温鬼强志。”木香在历代医书中被称为青木香、南木香、广木香。明代高濂的《草花谱》记载：“木香紫心白花，香馥清润，高架万条，望若香雪。俗以荼蘼为木香，实则荼蘼花色浅红，稍有分别也。”写出了木香花的特征及其和荼蘼的区别。清代李渔《闲情偶寄》记述：“木香花密而香浓，此其稍胜蔷薇者也。然结屏单靠此种，未免冷落，势必依傍蔷薇。蔷薇宜架，木香宜棚者，以蔷薇条干之所及，不及木香之远也。木香作屋，蔷薇作垣，二者各尽其长，主人亦均收其利矣。”不仅指出了木香花“香”的特点，还提出木香作为园林景观应和蔷薇搭配，发挥各自优势。

木香是蔷薇科蔷薇属的攀缘小灌木植物，是常绿、半常绿灌木或藤本植物。植株高可达6米，幼时树皮青色，干皮见光的那面为红褐色，后变为片、条状剥落的灰褐色。小枝圆柱形，攀缘成拱状，枝条上无毛，幼时无刺，老枝上的皮刺较大，坚硬。小叶为椭圆状卵形或长圆披针形，比蔷薇细小而繁，叶互生，奇数羽状复叶，边缘有紧贴细锯齿，上面无毛，深绿色，下面淡绿色，中脉突起，沿脉有柔毛。花形小，5个花瓣长在顶端呈伞形花序，每年4—6月开花，花开时能持续20多天，花有白色或黄色，单瓣或重瓣。果实球形，成熟后为红色，一般10—11月果熟，果熟后落叶。木香喜阳光，但也耐半阴，较耐寒，适生于排水良好的肥沃湿润地。木香花也有一定的抗寒能力，在中国北方大部分地区都能露地越冬，但幼苗期需在背风、向阳的环境栽种。它耐干旱，抗风力强，对土壤要求不高，适合在排水良好的带酸性的沙质壤土中栽培，如在低洼湿地和黏土中生活，会生长不良且易烂根。

木香花与蔷薇花同属蔷薇科，为攀缘小灌木，花朵也有些相似，因此许多人会将这两种花混淆，认为是一种植物。两者虽相似，但也有许多不同之处。首先，木香比蔷薇高4～5米，通过灌木的高低就可轻易分辨；其次木香花开的时间是每年4—5月，而蔷薇花在5—7月开花，通过开花的时间也可分辨；再次是花叶上的区别，清代陈淏子《花镜》记载："木香一名锦棚儿，藤蔓附木。叶比蔷薇更细小而繁，四月初开花……至若高架万条，望如

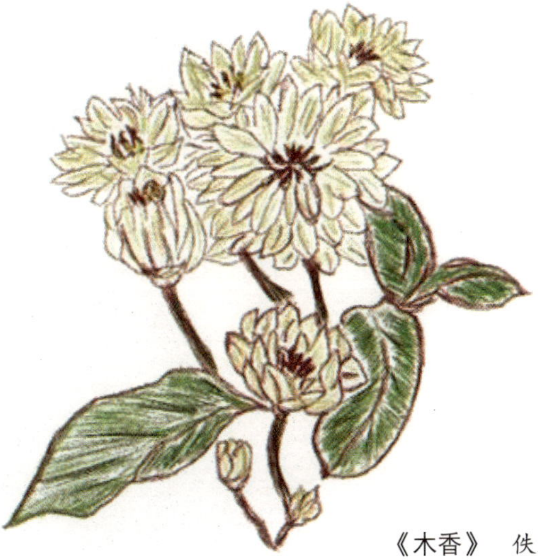

《木香》　佚名

香雪，亦不下于蔷薇。”不仅说明了木香花与蔷薇花的不同，也证明了对两花混淆的看法自古有之。

木香花形态美

木香花是攀缘小灌木植物，无数长长的嫩绿的枝条垂落着，仿佛是绿色的帷幔。洁白或浅黄的繁花十几朵一簇，几乎在一两天内同时开放，花开串串，繁花满枝，远远望去如同瀑布一般，因此得别名“锦棚儿”。在苏州著名园林拙政园的西花园北部中便有一条遍布木香花的通道。木香攀缘在绿漪亭北的竹制花架上，白色的花朵盛开在绿色的枝条上，好像是翠盖上的珍珠，看起来赏心悦目。宋代刘敞的《木香》有“粉刺丛丛斗野芳，春风摇曳不成行”之句，写出了木香花枝随风摆动、摇曳生姿之态，具有自然错落的动态之美。宋代董嗣杲有《木香花》诗：“斗雪轻微吐粉蕤，同开结约是酴醾。玉英递韵埋深叶，檀蕊分姿袅别枝。”如雪一般洁白的木香花好像是商量好一样一同盛开，在枝条上显得格外风姿绰约。

《木香》 佚名

木香花清香远

木香又名“蜜香”“七里香”“九里香”，皆是称赞木香花花香可以飘得很远。诗人席慕蓉的第一首诗和第一本诗集均名为《七里香》，周杰伦从这首诗里获得灵感，创作了同名歌曲。

宋代诗人方回《木香花》诗云：“春晚日长香满院，天教富贵属诗家”，宋代刘敞《木香》诗云：“只因爱学宫妆样，分得梅花一半香”，均以各种修辞手法刻画了木香花之香。清代李慈铭《霞芬馈木香花》诗云：“细剪冰蘼屑麝台，双含风露落琼瑰。分明洗砚匀笺侧，长见笼香翠袖来。”诗人用香草蘼芜和麝香的碎末来形容木香花香，突出其香气浓郁的特点。

木香花品高雅

宋代词人张元干在《浣溪沙·咏木香》中咏道：“睡起中庭月未蹉。繁香随影上轻罗。多情肯放一春过？比似雪时犹带韵，不如梅处却缘多。酒边枕畔奈愁何！”木香开花正值百花盛开之时，它似白雪，但更加有韵味；与梅花相似，但花朵更加繁密，展现了纯洁而清廉、高雅而不俗的品格。现代文学家汪曾祺在散文《昆明的雨》中写道：“莲花池外少行人，野店苔痕一寸深。浊酒一杯天过午，木香花湿雨沉沉。”莲花池外空无一人，青苔都有一寸那么厚，不过沉沉雨幕之中，木香却陪伴着莲花，喻木香与莲一样是高洁之花。

木香花不争不抢，在暮春时节安安静静、毫不张扬地将积攒一年的郁郁葱葱展示给人们欣赏。每一年，木香花嫩绿的枝条映衬着洁白的花朵，散发着淡淡的花香，使人沉醉其中。冰清玉洁、氤氲清纯，木香花灿灿的白和弥漫的香如春风化雨一般，默默地呈现自己的风采。木香花不似牡丹艳丽，没有栀子花的浓郁香气，也没有梅花的凌雪傲骨，但它却恰到好处地展现着自己的不同凡响，流露出风雅、隽永和飘逸的不凡神韵。

《木香》　蒋溥

【诗情花语】

木香

宋·刘敞

粉刺丛丛斗野芳，春风摇曳不成行。

只因爱学宫妆样，分得梅花一半香。

【赏析】

木香是带刺的花，在野外丛生，和野花斗艳，一阵春风吹过，木香花枝随风摆动，摇曳生姿，具有自然错落的动态之美。“宫妆样”化用了南朝寿阳公主额前梅花妆的典故。相传，寿阳公主闲卧含章殿时，梅花飘落至其额上，经汗水渍染，竟在其额头上留下腊梅花样的淡淡花痕，妩媚无比。宫女们都觉得美艳奇异，于是纷纷效仿。后该妆容由宫中走向民间，成为一时风尚。此处运用拟人手法，语木香欲学梅花落额为妆，其香胜于梅花，使得花与美人互相辉照，花因美人而高贵，美人因花而更加妩媚。

诗人写了木香“粉刺”“摇曳”的特点，把木香和梅花相提并论，扬长避短地突出了木香花“香”的特点，展示出了木香花与众不同的特色，颇具神韵。

芙蓉

露滴胭脂色未浓

“可叹停机德，堪怜咏絮才。玉带林中挂，金簪雪里埋。”林黛玉本是西方灵河岸上三生石畔的绛珠仙草，为报答赤霞宫的神瑛侍者以甘露灌溉的恩情，在神瑛侍者下凡投胎之时，便一同下凡，转世成为林如海与贾敏的独生女林黛玉。父母对她视若珍宝，但母亲早亡，她便被外祖母接到贾府抚养教育，寄人篱下的她养成了孤标傲世、敏感多疑的性格。她长得倾城倾国，聪明灵动，贾宝玉初次见她时便有“两弯似蹙非蹙罥烟眉，一双似喜非喜含情目。态生两靥之愁，娇袭一身之病。泪光点点，娇喘微微。闲静似姣花照水，行动如弱柳扶风。心较比干多一窍，病如西子胜三分”的评语。后来两人朝夕相处，因共同的理想志趣和叛逆精神而慢慢生出爱情，可惜在封建礼教的压迫下，林黛玉受尽“风刀霜剑严相逼”之苦，在贾宝玉和薛宝钗大婚之夜泪尽而

《芙蓉花》　齐白石

逝。《镜花缘》中司芙蓉花的仙子为“玉玲珑”祝题花。

《说文·艸部》释：“芙”，芙蓉也，从艸，夫声；“蓉”，芙蓉也，从艸，容声。宋代叶梦得《石林燕语》记载：“芙蓉有二种，出于水者谓之草芙蓉，出于陆者谓之木芙蓉，又名木莲。”所谓草芙蓉，又名水芙蓉，就是现在所说的莲花；木芙蓉又名地芙蓉，就是现今的芙蓉。而在汉代至隋朝的文学作品中，“芙蓉”专指“水芙蓉”。在最早出现“芙蓉”一词的《离骚》中，屈原所歌“制芰荷以为衣兮，集芙蓉以为裳”一句中的芙蓉指的即是水芙蓉。李时珍的《本草纲目》载：“此花艳如荷花，故有芙蓉、木莲之名。八九月始开，故名拒霜。生于陆，故曰地芙蓉。”明代王世懋的《花疏》更是详细记载了木芙蓉之种类：“大红最贵，最先开；次浅红，常种也；白最后开。有曰三醉者，一日间凡三换色，亦奇。”稀有品种“三醉芙蓉”能够一天变换三种颜色：清晨开白花，中午花转桃红色，傍晚又变成深红色。同是明代

《芙蓉花》　齐白石

的黄文星在《花史》中也有记载："有弄色木芙蓉，一日白，二日浅红，三日黄，四日深红，比落，色紫，人号为文官花。"

芙蓉是锦葵科木槿属的落叶灌木或小乔木，高达5米，花期为每年8—10月。小枝、叶柄、花梗和花萼均密被星状毛与直毛相混的细绒毛。叶呈卵状心形，裂片三角形，先端渐尖，具钝圆锯齿，上面疏被星状毛和细点，下面密被星状细绒毛；叶柄长5～20厘米，托叶披针形。花单生枝端叶腋。花初开时白色或淡红色，后变深红色，直径约8厘米，花瓣近圆形；蒴果扁球形，被淡黄色刚毛和绵毛。木芙蓉喜光略耐阴，喜温暖湿润气候，耐寒性略差，忌干旱，耐水湿，耐修剪，生长快，适应性较强，对土壤要求不高。芙蓉用途较广，树皮纤维可搓绳、织布，也是很多纺织用品的原材料；根、花、叶均可入药，外敷有消肿解毒之效；芙蓉花亦可用作食材，具有很好的美容养颜功效。芙蓉花性喜近水，宜植池旁溪畔。花开时节，花光水影相映成趣，尤显妩媚动人，因此有"照水芙蓉"的美誉。木芙蓉灌木在夏天能够降低天气温度，遮挡阳光，是人们乘凉避暑的好去处。

水芙蓉花落之时，木芙蓉却拒霜盛开，展现出顽强的生命力和不俗的风骨，得到了上至皇室下至平民的喜爱。据《成都县志》记载，五代时后蜀皇帝孟昶为讨"花蕊夫人"的欢心，便诏令在成都的城墙上种满木芙蓉。每年至秋，成都繁花一片，形成"四十里为锦绣"的壮观场面。因此，成都被称"芙蓉城"。木芙蓉的花神是石曼卿，他为人性情豪放，饮酒过人。据说在石曼卿死后，有人在开满红花的仙乡芙蓉城遇到他，石曼卿说他已经成为芙蓉城的城主，后人就以石曼卿为十月芙蓉的花神。农历二月十五的"花神节"是诸位花仙子的生日，人们在这一天会用各种各样的方式来庆祝。芙蓉因与"富""福""荣"谐音，故在中国传统文化中被赋予了荣华富贵的吉祥含义。人们用芙蓉花来表达吉祥的寓意：用“出水芙蓉”“初发芙蓉”比喻诗文清新不俗，也形容天然艳丽的女子；“并蒂芙蓉”比喻夫妻相亲相爱，也比喻两者可以相媲美；“远山芙蓉”比喻女子貌美；“人镜芙蓉”比喻考试将获得第一名。

芙蓉有顽强不屈的品性

晚秋时节，菊花凋落，傲冬的腊梅还没有开放，唯有芙蓉耐寒不落，因此得到“拒霜花”的称号。芙蓉高洁的品格也被诗人们用于自况。唐代刘兼《木芙蓉》诗云：“谁道金风能肃物，因何厚薄不相侔。”秋天可以肃杀万物，使百木枯萎凋零，但是芙蓉花却能迎着严霜开放，给秋天带来一抹亮色。诗人采用反问的手法突出了芙蓉花顽强的生命力和不屈服于气候的品格。南

《白芙蓉》 居廉

宋范成大《窗前木芙蓉》诗云："辛苦孤花破小寒，花心应似客心酸。更凭青女留连得，未作愁红怨绿看。"百花凋零的秋天，孤独凄清的木芙蓉凌寒而开，诗人以花喻己，"花心"如同"客心"凄楚不已。哪怕寒霜常留不去，木芙蓉也不会如春天的那些娇嫩花儿一样，容易凋谢。芙蓉花与霜神对抗，从不"怨红怨绿"，而是保持自己的独立，在多舛的命运中顽强地抗争，时刻保持着坚贞的品性。

芙蓉有仿若神女的艳丽

芙蓉花初开时为白色或粉色，时间久了颜色就逐渐变深，至凋谢的时候就变成了深紫红色。这种变换颜色的能力在宋代王安石《木芙蓉》中被比作初醉酒的神态："正似美人初醉著，强抬青镜欲妆慵"，因此芙蓉也有了"三醉芙蓉"的别名。南宋诗人黄机《鹊桥仙》词曰："黄花似钿，芙蓉如面，秋事凄然向晚"，把木芙蓉大如人面的花朵比作女子的面庞，真是惟妙惟肖。唐代李德裕有《重台芙蓉》："芙蓉含露时，秀色波中溢。玉女袭朱裳，重重映皓质。"晶莹的露水打在芙蓉花朵上，显得芙蓉花秀色可餐，流光溢彩，像是一位冰清玉洁的玉女身着红妆亭亭玉立着，人见芙蓉花如见美人。唐代黄滔在《木芙蓉三首》中有"却假青腰女剪成，绿罗囊绽彩霞呈"之句，把木芙蓉比作主管霜雪的女神青腰，女神自是美艳无比，而当木芙蓉绽开绿萝外衣后，花儿就像彩霞般呈现在世人面前，仿若神女艳丽多姿。

《芙蓉》 陈兰卿

芙蓉有积极向上的抱负

北宋年间，司马光和韩维因为不支持王安石的变法新政，离开了当时的首都汴梁，来到相距不远的洛阳郊外谪居。两人虽有报国之心，无奈得不到皇上的垂青，在朝中受到排挤，空有抱负却无施展才华的机会。两人居住在洛阳郊外的一座小宅院里，院子里正盛开着从巴蜀之地移栽过来的木芙蓉花，两位经历挫折、已对朝政失望的人一边饮酒赏花，一边题诗唱和。木芙蓉花在洛阳是不常见到的，芙蓉花颜色鲜艳，在百花凋零的深秋时节完全不惧萧瑟的秋风依然在枝头盛开着。司马光觉得自己的境遇和秋风中的木芙蓉相似，借着微醺作诗《和秉国芙蓉五章》：“平昔低头避桃李，英华今发岁云秋。盛时已过浑如我，醉舞狂歌插满头”。诗中表达了司马光昔年低头的忍耐和对英华逝去的叹息，同时也表达了自己壮心不已，期待建功立业的愿望。四年以后，六十五岁的司马光重返京城出任丞相。

【诗情花语】

木芙蓉

宋·王安石

水边无数木芙蓉，露染燕脂色未浓。

正似美人初醉著，强抬青镜欲妆慵。

【赏析】

在水边生长着繁多的木芙蓉，清晨，露珠的滋养仿佛给芙蓉花抹了一层薄薄的胭脂，不浓不淡，清爽宜人。好似一位微醺的美人，在镜子中展示着慵懒柔弱的神态。

此诗中，诗人没有直接描述芙蓉花的枝条以及花朵的艳态，而是把观赏者与芙蓉花拉开距离，犹如雾里看花，营造出迷蒙绰约的美感，使全诗透露着隽秀清新的灵气。尤其是后两句，花与美人与观赏者相统一，人醉看花花也醉人；还采用了比喻的手法将一池碧绿的湖水比作镜子，湖水映照的芙蓉花好比镜中的美人。

绣球

一蒂千花白玉团

元人张昱咏《绣球花》诗云："绣球春晚欲生寒，满树玲珑雪未干。落遍杨花浑不觉，飞来蝴蝶忽成团。钗头懒戴应嫌重，手里闲抛却好看。天女夜凉乘月到，羽车偷驻碧阑干。"

相传，有一次八仙到瑶池参加王母娘娘的蟠桃会，路经东海时，龙王派九子前来打探。七太子见八仙中的何仙姑容貌美丽，就在海面上兴风作浪，想趁机把何仙姑抢到龙宫中。其他七位大仙勃然大怒，化作七条赤色鳞甲火龙，对着海面喷出烈焰，惊动龙王。弄明事情缘由后，龙王向八仙献花表示歉意。八仙把鲜花带到了神州，那花花团锦簇，宛如一个大绣球，花色艳丽，百花园中又添了靓丽的风景。人们知道这种花儿是八仙带来的，便亲切地称其为"八仙绣球花。"

"绣"，形声字，从糸，从秀。"糸"指细丝；"秀"

《绣球》 江寒汀

为美好、秀丽，又有茂盛、优秀的意思。《说文·糸部》载：“绣，五采备也。”“绣”多指绣品，也有绘饰华美的意思。

“球”，形声字，从玉，求声。“玉”为玉石，“求”同“逑”，有聚集之意，表示玉因聚集相互撞击而发出声音。《说文·玉部》载：“球，玉声也。”

绣球花的字义非常形象地描述了绣球花的特点：一是花为圆形。其花型丰满，有倒卵形、阔椭圆形而类似球形。二是色彩秀丽。绣球花大而美丽，花瓣密集，主流色为粉色、浅蓝、白色、绿色，辅色为紫红、深蓝、玫红、深粉等颜色。绣球花的最大特点是会变色，初开时为白色或绿色，以后根据土壤的酸碱度而改变，酸蓝碱红。其花色如绣，其花形如球，故名为“绣球”，因而得名绣球花。清代陈淏子《花镜》曰：“一蒂而众花攒聚，圆白如流苏，初青后白，俨然一球。”吟咏此花者多借其球形巧妙设喻，如“飞来蝴蝶忽成团”“玲珑如琢巧如攒”。

绣球花，又名八仙花、七变花，原产于四川一带，为虎耳草科绣球属。

绣球花是一种常见的观赏花木，花

《绣球》 居廉

期为每年6—8月，果期为每年7—8月。其伞形花序如雪球累累，簇拥在椭圆形的绿叶中。绣球花由百花成朵、团扶成球，其花语是希望、忠贞、永恒、美满、团聚。

历代诗家均赞美绣球花，最早的历史记载见于宋。北宋时杨巽斋有《玉绣球》《滚绣球》二首称颂绣球，其一曰：“琢玉英标不染尘，光涵月影愈清新。青皇宴罢呈余技，抛向东风展转频。”北宋朱长文亦有《玉蝶球》诗：“玉蝶交加翅羽柔，八仙琼萼并含羞。春残应恨无花采，翠碧枝头戏作球。”关于绣球花的栽培，见载于南宋周必大的《玉堂杂记》：“东窗阁下，甃小池久无雨则涸，傍植金沙月桂之属，又有海棠、郁李、玉绣球各一株。”周密的《武林旧事》亦记：“禁中赏花非一……至于钟美堂赏大花为极盛。……台后分植玉绣球数百株，俨如镂玉屏。”可见宋时木绣球栽培已盛矣。

绣球花象征着花团锦簇之美

明代谢榛《绣球花》诗云：“高枝带雨压雕栏，一蒂千花白玉团”。绣球花硕大的圆形花朵、美丽的姿态，不像牡丹、莲花一样足以惊艳人心，但它由众多的小花聚在一起，团结一致，抟扶成球，展示了一种整体的美。明代王世贞《金陵诸园记》载：“杞园绣球花一本，可千朵”。王象晋的《二如亭群芳谱》对绣球的性状作了较详细的描述：“绣球，木本皴体，叶青色，微带黑而涩。春月开花，五瓣花成朵，团圞如毬……宜寄枝，用八仙花体。”绣球的小花因为全是不孕花，不能结种子，因而无法进行有性繁殖。王象晋这里提到“宜寄枝，用八仙花体”即是用八仙花作砧木进行嫁接。八仙花又名聚八仙，花序外围一般有8朵较大的不孕花，中心花小，雌雄蕊完全，能结红色果实。聚八仙自南宋后又有人称其为琼花。

清代陈梦雷等编撰的类书《古今图书集成·草木典》对绣球作了注释："按绣球有草本、木本。《药圃同春》及《广群芳谱》所载皆是木本。其草本绣球出于闽中，渐及江浙，草本高三、四尺。花比木本差小，而扁。初开色微青，大开则纯白，渐变而紫，再变而红，则落矣，书传中多未见载。"这里讲的草本绣球为落叶小灌木，伞房花序顶生，球形，直径可达20厘米。小花为不孕花，由四枚变态萼片组成。花有白、粉红、蓝等色，栽培的园艺变种较多，在陈淏子的《花镜》与吴其浚的《植物名实图考》中称为粉团。

古人多有咏绣球诗，生活在杭州的宋末元初文人董嗣杲对绣球花似乎尤为偏爱，现存吟咏绣球花的诗篇唯他最多，有"蝶魂春聚苍枝顶，雪片寒团翠幄间""洁身自拥翠枝寒，遗得春魂寄素颜""密团粉腻翠枝擎，乱碾铢衣降紫冥"等诗句传世。

绣球花象征着美满与团聚

绣球花圆形的花朵、美丽的姿态象征着亲人之间剪不断的血脉连系，即使远隔千里，终会团聚在一起。绣球花没有茉莉花的芳香四溢，没有牡丹的华丽高贵，也没有兰花的清幽雅致，但是其也有着自己独特的意义。

绣球花之美，在于其抱团之美，当它还是一颗颗绿色的花骨朵的时候，你完全体会不出它完全绽放时的秀美和纯洁。然而，当其完全开放时，一簇簇、一团团，紧紧相拥在一起，仿佛有剪不断的血脉关系将其连系，传递出丝丝温暖、团结的情愫。绣球花展露出纯净无瑕的姿颜，带给人一种美的视觉和享受。它以一种清丽婉约的姿态，带给世人一种雅致和宁静。它卓然淡丽，却总能在不经意间，就吸引了众人的注目与凝望。看到它那团团簇簇的花球就会让人联想到，泱泱中华五十六个民族团结一心、凝聚在一起，联想到亲朋好友间的团圆重逢，联想到有情人终成眷属的美满幸福……

《小鸡图》　陈兰卿

《绣球花》 陈半丁

【诗情花语】

绣球

宋·杨巽斋

纷纷红紫竞芳菲，争似团酥越样奇。

料想花神闲戏击，误随风起坠繁枝。

【赏析】

这首咏绣球花设想巧妙新颖。“纷纷红紫竞芳菲”写绣球花以外的百花各有颜色，竞相争艳芳菲多彩。这里欲扬绣球花，先将百花之美点一笔，然后笔锋一转“争似团酥越样奇”，突出绣球花花形之美，使众芳相形失色。第三、四句就绣球花形如绣球这点展开想象：可能是上天主宰百花命运的花神们在闲暇时，以绣球相戏，抛来掷去，不曾想，有一些绣球被风吹落降到人间，坠于繁枝之上。这种想象很美也很生动，而且将绣球花的独特造型之美赋予了花神不凡的品格，明显超然于众芳之上。诗人运笔以小见大、虚实相生、远近相成，趣味盎然。

罂粟

初疑邻女施朱染

千百年来，罂粟一直扮演着让人又爱又恨的角色。人们对罂粟绚烂华丽的花朵啧啧称赞，也对她的果实加工品——鸦片感到不寒而栗。罂粟究竟是“快乐之花”还是“魔鬼植物”？罂粟蒴果的提取物是否有百害而无一利？让我们走近罂粟，一探究竟。

“罂”，形声字，繁体为“罌”，从缶，賏声。“賏”本义为领饰。“缶”为大肚小口的瓦器。《说文·缶部》载：“罌，缶也。”即指一种大腹小口的瓦器。

粟，从卤，从米。《说文·卤部》载：“粟，嘉谷实也。”象形字，甲骨文为，从禾，旁边有米粒形，本义为粟米，即今之小米。粟的果实很小，因而常用于指小的东西，如“沧海一粟”，即沧海中的一粒谷子，意指多么微不足道。

罂粟，因其蒴果呈卵状球形或长椭圆形，形状与大肚小口的缶相似，故以“罂”名之。罂粟为两年生草本植物，高约1.5米。罂粟果实成熟后，可取其乳状汁液制鸦片。

罂粟又名米囊花、米谷花、御米花，原产于欧洲，夏季开花。花型大，有红、粉、白等色。李时珍《本草纲目》中载：“其实状如罂子，其籽如粟，故有诸名。”其花开后结一青苞，鸦片则出于此苞，服用久之成瘾。故此花被列为禁种植物，于是人们很少有机会欣赏到此花的娇美艳丽了。

《罂粟》 改琦

罂粟是“快乐之花”

最初，罂粟花被称为“快乐之花”——守护安乐。人类的祖先很早就认识罂粟了。据考古学家研究，罂粟是新石器时代的人们在地中海东海岸的群山中偶然发现的。5000多年前的苏美尔人曾虔诚地把它称为“快乐之花”，认为它是神灵的赐予。罗马时代的古书中记载着关于它的传说，Somnus是拉丁语中罂粟花的学名，也是罗马众神中的睡眠之神——修普诺斯的名称。阿尔卑斯山的罂粟花能释放神奇的芳香，让人进入催眠的梦境中，忘却一切。古埃及人曾把它当作治疗婴儿夜哭症的灵药，他们也一直将罂粟称为“神花”，让执掌农业的司谷女神手中拿着一枝罂粟花。古希腊神话让魔鬼许普诺斯的儿子手捧罂粟花，守护酣睡的父亲免于惊扰。众多的神话故事让这种神秘的花朵充满了催眠、休息与安乐的涵义。

罂粟不但可以入药，而且非常美丽。罂粟最初被人们认可是由于它的观赏价值，我国历代都有描述罂粟的佳句。大约六朝时期，陶弘景《仙方注》曰：“断肠草不可知，其花美好，名芙蓉花。”此处的断肠草和芙蓉花即指罂粟花，但当时罂粟种植并不广泛，一般作为贡品从国外贡至。

至唐朝时，人们对罂粟已有了更深入的了解。陈藏器在其《本草拾遗》中记载了罂粟花的特点，他引述前人之言

《罂粟》 缪嘉蕙

说："罂粟花有四叶，红白色，上有浅红晕子，其囊形如箭头，中有细米。"不仅如此，对如何种好罂粟花唐人也有认识，唐文宗时人郭橐驼在《种树书》中指出："莺粟九月九日及中秋夜种之，花必大，子必满。"

罂粟作为一种观赏植物，诗人在诗词中也多有吟咏。唐代雍陶在《西归斜谷》中写道："行过险栈出褒斜，出尽平川似到家。万里客愁今日散，马前初见米囊花。""米囊花"，即罂粟花。罂粟花使游子有归家之感，使游子消失了愁容，感到了归家的快乐。

直到明朝末年，罂粟花仍是名贵稀有的佳花名木。明朝万历年间，大文学家王世懋在《花疏》中对罂粟花大加赞赏，他写道："芍药之后，罂粟花最繁华，加意灌植，妍好千态。"崇祯年间，旅行家徐霞客在贵州省贵定白云山下看到了一片红得似火的罂粟花，大为惊奇，叹为观止。他在《徐霞客游记》中写道："莺粟花殷红，千叶簇，朵甚巨而密，丰艳不减丹药。"

罂粟不但花朵美丽，它的蒴果还有一定的药用价值。宋朝以来历代医书多有记载，它被看成治痢疾等症的良药。宋徽宗时中医寇宗爽在《本草衍义》中载："罂粟米性寒，多食利二便，动膀胱气，服食人研此水煮，加蜜作汤饮，甚宜。"王碜在《百一选方》中则清楚地记录了罂粟治痢疾的处方。

宋代中医们还发现了罂粟的其他功效，如治疗呕逆、腹痛、咳嗽等症，并有养胃、调肺、便口利喉等功效。因此，罂粟子、壳也被当成了滋补品。苏轼的诗句"道人劝饮鸡苏水，童子能煎莺粟汤"，即反映了这种情况。他的兄弟苏辙的《种药苗》诗，更详尽地说明了罂粟的滋补作用："苗堪春菜，实比秋谷。研作牛乳，烹为佛粥。老人气衰，饮食无几。食肉不消，食菜寡味。柳石钵，煎以蜜水。便口利喉，调肺养胃。幽人衲僧，相对忘言。饮之一杯，失笑欣然。"

罂粟是“魔鬼植物”

罂粟既是“快乐之花”，又是“魔鬼植物”——引人沉迷。罂粟，是人人闻之色变的毒品之源，它有着纤细的身姿，柔弱的茎干和艳丽绝伦的花朵，它的美丽是蛊惑人心的利器，它让人们忘记忧愁、痛苦和恐惧，是令人惊叹的快乐植物。但是，当人们被罂粟吸引，沉醉于它带来的快乐时，它就会化身为一把利剑，让人的生命在麻醉中枯萎，在迷幻中毁灭。所以，罂粟的花语是“死亡之恋”。罂粟及其提取物虽然能做药用，但其剂量有严格的限制，一旦超过剂量或用药时间，罂粟便成了名副其实的“魔鬼植物”。

晚清时期，罂粟的提取物——鸦片由药用变为享乐用的奢侈品，由宫廷流传至各级官吏，进而蔓延到穷乡僻壤，上至道光帝、咸丰帝、慈禧太后等王公贵族，下至士农工商、流民乞丐，都参与吸食鸦片。据《中国史学会编》记载，慈禧太后晚年，“每天夜里必吸鸦片至三鼓，然后出而视朝，是时精神完足，与廷臣论国是，全无倦怠之容，直到黎明才回宫安睡，竟十年如一日”。各级官吏阶层吸食鸦片也很普遍，公开在衙门内置床点灯，已经是随处可见的场景。地方各级官吏吸食鸦片的情况尤其严重，如云南小官吏中，无不吸食鸦片，正所谓“署中厮役多滇人，虽多贫无裤，不烟无以为活也”。

1878年，山西巡抚曾国荃在奏折中痛陈种罂粟之害：“未种之先，吸烟者不过游手无赖及殷实有力之家，至于力耕之农夫，绝无吸食洋烟之事。今则业已种之，因而吸之，家家效尤，乡村反多于城市。”鸦片还深入清军内部，“将备兵丁内，必有吸食鸦片烟者”。军人吸食鸦片成风对国防产生了极为恶劣的后果。

罂粟作为一种植物，它的外在美丽供人们观赏，它所蕴含的化学成分也可供人们合理利用。可悲的是，人类的自私与贪婪又一次战胜了理性与道义，正是人们不正当的利用，才使得自己在麻醉中枯萎，在迷幻中毁灭。所以，罂粟是“快乐之花”还是“魔鬼植物”，归根结底在于人们自己的选择。只有人们做到自控自律，善待生命，才能让罂粟花开真正成为一道绚丽而悦目的风景。

【诗情花语】

米囊花

唐·郭震

开花空道胜于草，结实何曾济得民。
却笑野田禾与黍，不闻管弦过青春。

【赏析】

这首咏米囊花诗寓意颇深。米囊花号称米囊，结实不能济民，但其一生，却是在弦管之乐声中度过，而那些田地里能够结实济民的禾与黍，都是默默无闻的。唐时达官权贵赏花常以乐伴奏，诗中写的也是实情，从艺术欣赏角度看，谁不愿赏花？诗人却标新立异，另辟蹊径，从中悟出人生哲理。默默奉献者，有功于民者，不一定能得到应有待遇，而相反的却可以“弦管声中度青春”。“却笑”是从米囊花角度来说的，但诗人的立场却是站在野田禾与黍一边的。从咏花诗角度，诗人不是以颂赞美之语写其形、色之美，而是循名责实，从与禾与黍的对比中，反映了诗人忧民的情怀，这是难能可贵的。

秋海棠

暗中自有清香在

“偷来梨蕊三分白，借得梅花一缕魂。”这是曹雪芹在《红楼梦》“秋爽斋偶结海棠社”一章中借黛玉之口咏白秋海棠的名句，风流别致，切合黛玉情事，历来脍炙人口。在《红楼梦》第三十七回，大观园里成立海棠诗社，结社后的第一次活动是咏白海棠，薛宝钗、林黛玉、贾探春、贾宝玉各依所限韵脚做七言律诗一首。湘云作《白海棠和韵二首》，其一：“神仙昨日降都门，种得蓝田玉一盆。自是霜娥偏爱冷，非关倩女亦离魂。秋阴捧出何方雪，雨渍添来隔宿痕。却喜诗人吟不倦，岂令寂寞度朝昏。”其二：“蘅芷阶通萝薜门，也宜墙角也宜盆。花因喜洁难寻偶，人为悲秋易断魂。玉烛滴干风里泪，晶帘隔破月中痕。幽情欲向嫦娥诉，无奈虚廊夜色昏。”二首诗压倒众人。其诗用神仙种玉喻白海棠，丰富的联想中凸显湘云与海棠的紧密联系。

《秋海棠图》　齐白石

在秋天的花苑里，最负盛名、最惹人喜爱的草本花卉当属秋海棠了。其姿色赏心悦目，有的观叶，有的赏花，细赏之后，神韵无穷。清代陈淏子《花镜》中说，秋海棠“娇冶柔媚，真同美人倦妆”。秋海棠为秋海棠科多年生草本植物，全年开花，尤以秋季最盛，聚伞花序，有白、粉、红等色。我国古代称秋海棠为八月春，又称相思草。

“秋”，象形字，从禾，从火。庄稼成熟变成金黄色，故以“火”。《说文·禾部》载：“禾，禾谷熟也。”本义为庄稼成熟，可以有收获。百谷成熟，其时万物皆老，而莫贵于禾谷。“海”，从水，每声。《说文·水部》载：“天池也，以纳百川者。”“棠”，《说文·木部》载：“牡曰棠。”

秋海棠是多年生草本植物，茎直立，光滑。叶呈卵形，基部斜心形，有细刺毛，背面红色，秋季开花，花淡红色，也有白色。秋海棠在我国的栽培历史十分悠久，最早的记载可追溯到宋朝的《采兰杂志》，距今已约千年。秋海棠有多个名称，如断肠花、八月春、相思草、断肠草、白海棠、岩丸子、环格草等。

《秋海棠》　恽寿平

有关秋海棠的生长习性及生物学性状在古代文献中多有记载。如《采兰杂志》中描述了秋海棠的栽培环境及叶花等部分特征；明代于若瀛所著的《弗告堂集》中对其生长习性和叶脉等性状作了详细描述："秋海棠喜阴生，又宜卑湿，茎岐处作浅绛，色绿，叶文似朱丝，婉媚可人，不独花也。"明代闵梦得《万历癸丑漳州府志》载："秋海棠岁每生苗，其茎甚脆，早秋始花，略似海棠半含，浅红可爱。"清汪灏《广群芳谱》中有"一名八月春，草本，花色粉红，甚娇艳，叶绿如翠羽。此花有二种，叶下红筋者为常品，绿筋者开花更有雅趣"之述，指出秋海棠叶脉有两种颜色类型。明代王樨登《荆溪疏》载："善卷后洞秋时，海棠千木并著花，一壑皆丹。"描述了秋海棠喜生于溶洞旁或内，成片生长、红花盛开的壮观景象。

秋海棠的花语是苦恋

每一种花语的背后，多有一段缠绵悱恻的爱情故事。秋海棠花语故事的主角是宋代著名诗人陆游和他心爱的女子唐婉。据史载，陆游与唐婉在离别之际，唐婉送给陆游一盆秋海棠，以寄思念之情。陆游问唐婉："这是什么花？"唐婉凄楚地回答："这是断肠红。"陆游听闻，思绪万千，随口便说道："这花，该叫相思红。"此后，秋海棠又名断肠花、相思草，意喻苦恋。两个人以海棠花倾吐了当时各自的心境。陆游外出几年回到沈园，唐婉早已被迫嫁给赵士程，后来两人在桥头相遇，彼此痛苦万分，陆游过了桥便在墙壁上题了一首《钗头凤》："红酥手，黄縢酒，满城春色宫墙柳。东风恶，欢情薄。一怀愁绪，几年离索。错，错，错！　春如旧，人空瘦，泪痕红浥鲛绡透。桃花落，闲池阁。山盟虽在，锦书难托。莫，莫，莫！"这首字字血泪的词只有唐婉最能理解，深夜她饱蘸泪水悄悄和了一首词：“世情薄，人情恶，雨送黄昏花易落。晓风干，泪痕残，欲笺心事，独语斜阑。难，难，难！　　人成各，今非昨，病魂常似秋千索。角声寒，夜阑珊。怕人寻问，咽泪装欢。瞒，瞒，瞒！”唐婉忧伤欲绝，不久郁郁死去，后人便把秋海棠作为苦恋的象征。

秋海棠的花语是相思

秋海棠也叫“相思草”，这来源于一个传说。相传很久以前，在遥远的东海海边有一个古老的小镇，小镇上的每户人家都喜欢种花。镇上有一个青年人，名字叫贵棠，他家中有母亲、娘子和孩子，他们一家以种花、卖花为生，日子过得很是清苦。

贵棠娘子除了帮贵棠种花之外，还有一门好手艺——剪花样。她见到什么花，就能剪出什么花，而且剪得栩栩如生，十分相像，左邻右舍都夸赞她的好手艺。

有一天，贵棠娘子在街上卖她自己剪的花样，这时候一个外地来的客商对她说：“大嫂啊！您剪的花样好是好，不过您如果能做个纸花、绢花，那就更好啦，我可以给您个好价钱！”贵棠娘子听了客商的话很心动，于是就同意了。她回到家做了起来，做了一篮各式各样的纸花和绢花。客商见到后很高兴，当场付了贵棠娘子一笔好价钱，后来这些花都被客商卖到外地去了。然而，这笔钱并不能支撑他们的生活，他们的日子还是过得很清苦。

这天，贵棠突发奇想，对他娘子说：“娘子啊！你做纸花、绢花被客商卖到外地卖得好价钱，我想，倒不如让我拿到外地去卖，日子也许会好过些！”贵棠娘子忍着心中的不舍与留恋答应了丈夫的请求。于是，贵棠娘子白天做花，晚上也赶工，又制成一批纸花、绢花，贵棠就带着这些花乘船到外地去了。

贵棠在菊花盛开的时候离家而去，等到山茶花吐露芬芳时，仍迟迟没有回来。贵棠娘子每天倚在北窗上，张望着海边的方向，眼泪不自觉地一滴一滴洒落在窗下，晶莹点点。贵棠娘子的执着打动了花神，花神对贵棠娘子的遭遇十分同情，于是就施法长出一株花草来，花草长出的地方正是贵棠娘子每日落泪的北窗。这朵花草叶子的正面是绿色的，背面却是红色的，而那盛开的花朵竟像贵棠娘子落下的眼泪一样，晶莹剔透，惹人怜爱。还有一种说法是，这花是贵棠娘子因思念丈夫过度所咳出的血凝成的。

人们都说，贵棠是在秋天出海的，这花儿也在秋天盛开，为了以此花来纪念他，就称它为“秋海棠”。又因为此花是因贵棠娘子落泪而生成，于是也有人叫它“相思草”。

秋海棠的娇小柔媚和断肠花的别名，契合旧时代女性的性格特征和社会角色，因此也更受女性青睐。明代杨宛为金陵妓女，曾作《浪淘沙·海棠》词：“尽日若含愁，别样娇羞。晚凉香散

《秋海棠图》　王震

上帘钩。带露摘来斜插鬓，一段风流。蛩语玉阶幽，又是深秋。相携闲对小妆楼。不解断肠伊似我，我似伊否？”清代女诗人何佩芬《秋海棠用渔洋山人秋柳四首韵》之四诗云：“绿肥红瘦总堪怜，泪洒胭脂欲化烟。不占春光仍烂漫，纵无秋思也缠绵。静含清露刚三日，艳绝西风又一年。翻羡紫薇高格好，株株占得凤池边。”清代女诗人赵韵卿《诉衷情·病起看秋海棠》词曰：“碧梧庭院暑初收，凉意逗衣篝。为忆海棠开未，呼婢卷帘钩。扶薄病，怯惊秋，强凝眸。西风萧瑟，花怜人瘦，人比花愁。”而鉴湖女侠秋瑾则赋予了秋海棠全新的意义：“栽植恩深雨露同，一丛浅淡一丛浓。平生不借春光力，几度开来斗晚风？”表现了巾帼英豪不同凡响的英雄气概。

《秋海棠》　张大千

【诗情花语】

秋海棠

清·袁枚

小朵娇红窈窕姿，独含秋气发花迟。

暗中自有清香在，不是幽人不得知。

【赏析】

袁枚的这首咏秋海棠诗写得清新疏俊，颇有特色。首句“小朵娇红窈窕姿，独含秋气发花迟”，写秋海棠的花色与花形。娇红的秋海棠花朵点缀枝头，姿态窈窕美好，给人以色彩鲜明之感，它发花迟，独含秋气。第三句“暗中自有清香在”转而写其香，原来这么美好的秋海棠还有暗香袭人。但是结句“不是幽人不得知”，意谓作者不仅仅能欣赏秋海棠的娇红窈窕姿色，而且能进一步领略它的内在神韵清香。诗人以秋海棠的品格自道，表白归隐故园是在于保持自己的品格和晚节。

夜来香

清吟端为写幽姿

传说古代有一个少年，他的笛声非常优美，无人不知。在一个月色美丽的夏天晚上，他倚在树下吹笛，突然一位美丽的仙女自云端中翩然而至。仙女说，因为嫦娥听到他的笛声喜爱非常，所以邀少年上月宫当乐师。谁知少年却留恋凡间，并要求仙女延缓一天上月宫。但仙女没有答应，只取下头上玉簪送给他留作纪念。仙女在空中将玉簪抛下之际，少年没有接住，而且怎么找也找不到掉在地上的玉簪。结果，玉簪变成了花朵，少年也永留人间，而此花不仅在夜里散发出香味，在皎洁的月光下更显气味馥郁芳香，故它也有“夜里情人”之美称。

“夜”，象形字。金文为，从夕，亦声。夕指太阳下山，夜幕降临。《说文·夕部》载：“夜，舍也，天下休舍也。”“夜”本义指从天黑到天亮人们休息的时间，即夜晚。

《夜来香》　孙雪泥

《夜来香·黄蜂》 居廉

“来”，象形字。甲骨文为，像小麦之形，意即小麦。《说文·来部》载：“来，周所受瑞麦来麰也。一来二缝，象芒朿之形。天所来也，故为行来之来。”意思是说“来”和“麰”是用地所接受的优良种子，因为是上天赐来的，所以用作往来的“来”字。繁体的“来”字为“來”，从木，从二人，青树绿地，二人相约而来，故“来”表示相聚在一起。

“香”，会意字。小篆为，从黍，从甘。“黍”为谷类作物，“甘”为味道美好。“民以食为天”，中国人的审美是从食物开始的，古人认为最美好的气味莫过于谷物散发出来的芳香。《说文·香部》载：“香，芳也。”“夜来香”，顾名思义，就是一种夜里散发芳香的花卉。

夜来香，属藤状灌木，别名月见草、夜香花等，属多年生藤状缠绕草本，分布于云南、广西、广东和台湾等地。根为茎块状，叶丛生，残形，先尖端。花茎较长，上部呈总状花序。它的枝条细长，夏秋时期开花，黄绿色花朵傍晚开放，飘出阵阵扑鼻浓香，在南方多用来布置庭院、窗前、塘边和亭畔。夜来香同时又是可以新鲜的花瓣和花蕾供食用的一种半野生蔬菜。除此外，花还可作馔和药用，具清肝明目之功效，可治疗目赤肿痛、麻疹上眼等。每逢夏秋之间，在叶腋就会绽开一簇簇黄绿色的吊钟形小花，当月上树梢时飘出阵阵清香。

夜来香具有低调、内敛的品性

人们常见的植物，以白天开花居多，并且开花后就释放出香气。夜来香却不是这样，只有到了夜间，它才发出浓郁的香气来。很多植物都是依靠昆虫传粉繁殖后代的，依靠白天活动的昆虫来传粉的植物，在白天里花开香飘，迎候使者。夜来香则是靠夜间出现的飞蛾传粉的，在黑夜里凭着自身散发出来的强烈香气，引诱“客人们”前来拜访，为其传送花粉。夜来香的这一习性是它对生长环境的适应。

夜来香的花瓣与一般白天开花之花的花瓣构造不同，夜来香花瓣上的气孔有个特点，一旦空气的湿度大，它就张得大，气孔张大了，蒸发的芳香油就多。夜间虽没有太阳照晒，但空气比白天湿润，所以气孔就张大，放出的香气也就特别浓。如果稍加注意就可以发现，夜来香的花，不但在夜间，在阴雨天香气也比晴天浓，这也是阴雨天气湿度大的原因。夜来香产自亚洲热带地区，那里白天气温高，飞虫很少出来活动，到了傍晚和夜间，气温降低，许多飞虫出来觅食，这时夜来香便散发出浓烈的香味，引诱飞虫前来传播花粉。经过世世代代的环境因素的影响，夜来香形成了在晚上发出香味的习性。

夜来香的这一习性，虽然有一点“孤芳自赏”，但它在无人欣赏、无人关注的情景下，仍然默默无闻地开放，不为名利、不计得失，只为自己快乐，独立开放，这是低调、内敛的表现。这给人的启示是，一个人首先要为自己而活着，做一个独立的、有意义的个体，然后再给他人带来芳香，作为奉献。夜来香，夜里才开放，诚然未能引起更多人的注意，但关键是有“香”的存在，终将为人们所关注。夜来香，往往不在乎外界的关注，不在乎外界的赞赏，只追求一个快乐的自我，一个独立的自我，这是难能可贵的。

夜来香亭亭玉立的身姿，秀颀而挺拔

片片叶儿，仿佛一叶叶扁舟，荡起层层碧绿的涟漪；又像是一只绿玉的杯盏，盛满了琼浆玉液。那美妙动人的花骨朵，慢慢地舒开了黄得晶莹剔透的花瓣，中央突起的一小簇花蕊，宛如一群身披黄纱的女子在翩翩起舞。月儿将清辉倾泻在花上、叶上，投下了袅袅婷婷的倩影。一阵清风拂过，芳香便扑鼻而来，沁人心脾，使人仿佛要醉倒在花下，一切都沉浸在恬淡和悦的美之中了。

《白夜来香》 金鸿钧

清代李楣有一首名为《晚香玉》的诗：“香风吹到卷帘时，玉蕊亭亭放几枝。摘向妆台伴朝夕，清吟端为写幽姿。”当炎热夏季的傍晚，阳光已经渐渐暗淡下去，夜幕降临的时候，阵阵风来，飘过缕缕清香，令人为之一振。“香风吹到卷帘时”，这种花夜间芬芳直到清晨卷帘之时真是难得，它给消度夏夜的人们以美的享受和芳香的滋润，它的洁白素雅的颜色又给人以超凡脱俗之感。清人李楣这首咏夜来香的诗前两句就是写其香、其形、其色。“玉蕊亭亭放几枝”，使人想起佳人玉蕊的倩影。

夜来香是“孤独的美人”

因为夜来香只在夜里散发浓郁的芳香，而且有轻微毒性并不适宜种在室内，故有“孤独美人”之名，所以它的花语有“独立、反叛”之意。相传在很久之前，有个仙女因为犯了情戒，被王母变成了一颗种子撒在人间的寺庙内，日子一天天地过去，种子慢慢发芽、开枝散叶了，乏味的生活中她孤芳自赏。有一天，飞来一只萤火虫，萤火虫围着她飞舞、歌唱，在缘分的安排下，他们相爱了。这个夏天，她过得异常开心。

眼看夏天就要过去了，在一个美丽的夜晚，她终于鼓起勇气，冲破世俗的禁锢，让自己的花朵在夜间尽情地绽放，等着萤火虫飞来看她花开的模样。那一夜，繁星满天，花香弥漫在整个寺庙，但萤火虫却一直没有出现。她永远不会知道，那只萤火虫只不过是王母派下凡间的一位使者，来为她种一次情结。如果她能远离这段感情，她便能回到原来的世界。然而，当真爱来临的时候，谁又能躲闪得开呢？从那以后，在夏天的每个夜晚，她都开着美丽的花等着萤火虫飞回来，但她永远都不能等到那一天……她就像个孤独的美人，独自在夜里守望。

夜来香也是“危险的快乐”

经过世世代代环境的影响，夜来香形成了总是在晚上发出香味的习性。由于在夜间停止光合作用后会排出大量废气，它的这种香味极浓，但对人的健康不利，尤其会使高血压和心脏病患者感到头晕目眩、郁闷不适，引起胸闷和呼吸困难等症状。因此，夜来香一般是不放在室内的。夜来香闻起来非常香，常常给人以美的享受，但是又需要摆放在正确的位置，需要适度接近，过量则会让人“中毒”，所以，夜来香又被称为“危险的快乐”。

【诗情花语】

夜来香

清·吴秀淑

花颜叶色两难分，一架初疑是绿云。

试唤小鬟帘外摘，今宵不用水沉熏。

【赏析】

夜来香花开时正值晚间，其色呈淡绿色，加之暮色茫茫，自然难以分辨哪是叶、哪是花，“一架初疑是绿云”解释了夜来香花、叶难分的原因。“试唤小鬟帘外摘”表明了诗人的身份为闺阁贵妇，同时也点出夜来香花开正是下帘之时。“今宵不用水沉熏”，意谓今天晚上摘了夜来香放于室内，那就不必再用沉香熏染了，这是称颂夜来香花香气之浓超过著名的水沉香。